Brèves de cimetière et des pompes funèbres

Véronique Beaumont

Brèves de cimetière et des pompes funèbres

ÉDITIONS FRANCE LOISIRS

Édition du Club France Loisirs,
avec l'autorisation des Éditions le cherche midi.

Éditions France Loisirs,
123, boulevard de Grenelle, Paris.
www.franceloisirs.com

Conception graphique : Corinne Liger

ISBN : 978-2-298-08017-9

Introduction

Il y a peu de vocations pour travailler aux pompes funèbres et les activités y seraient difficiles, tristes et moroses si certaines situations ne venaient pas rompre le quotidien de notre métier. S'il est vrai que nous nous devons d'être au diapason du chagrin des familles, il arrive que l'incongru, l'humour involontaire s'invitent dans les conversations.

L'assistant funéraire voit arriver, dans son bureau, toutes sortes de personnes. Il y a celles qui sont éplorées par la perte d'un être cher, celles qui sont pressées d'inhumer leur parent pour s'en libérer ou partir en vacances, celles qui arrivent complètement désorientées et celles qui, au contraire, savent exactement ce qu'elles veulent. Mais il y a également les familles agressives ou celles qui n'hésitent pas à se confier à l'assistant funéraire, comme pour chercher un réconfort et un secours. Bref ! Chaque personne qui pénètre dans un bureau de pompes funèbres est un cas particulier.

Mais je ne voulais pas retranscrire des anecdotes tristes ou émouvantes. J'ai souhaité, au contraire, dévoiler le côté parfois « burlesque » de la profession, celui que rencontrent, de temps à autre, les employés des pompes funèbres et qui force à sourire malgré les circonstances...

Tout au long de ces pages, vous n'allez donc découvrir que des histoires qui sont toutes authentiques.

Véronique Beaumont

À la mise en bière d'une vieille femme, l'une de ses filles, mécontente, reproche à son père :

– Tu ne lui as pas mis son dentier !

– Non. Il lui faisait mal. Je ne tiens pas à ce qu'elle se plaigne, là-haut. Tu connais ta mère, elle râle tout le temps !

†

Après avoir réglé les détails de l'inhumation de son mari, une femme demande :

– J'aimerais récupérer la perruque de mon mari. Il l'enlève toujours pour dormir. Il a peur de l'abîmer.

†

Un vieil homme est reçu par un agent funéraire pour organiser les funérailles de son épouse. Il semble perturbé, mais répond avec beaucoup d'attention aux questions de l'employé des pompes funèbres.

Après avoir choisi un cercueil, il soulève le sac qu'il avait posé sur le sol et dit :

– Voilà. Je vous ai apporté des vêtements. Je les ai pris noirs car ma femme est en deuil.

†

Une femme de plus de 70 ans entre dans une agence de pompes funèbres et explique que son mari vient de décéder et qu'elle veut l'enterrer rapidement.
L'employé qui la reçoit lui demande :
– Voulez-vous une inhumation classique ou une crémation ?
– Une crémation ? Pas la peine ! Il va brûler en enfer !

†

À la mise en bière de Philippe, famille et amis sont réunis autour du cercueil. Il faut dire que le défunt était particulièrement estimé car il était à la fois altruiste, gentil et toujours de bonne humeur. Alors, ce moment de recueillement est extrêmement pesant. Seuls quelques reniflements se font entendre.
Au moment de refermer le cercueil, un homme s'avance et lance :
– Attendez ! J'allais oublier.
Il sort de sa poche un MP3, l'allume, le pose sur les oreilles de Philippe et se justifie :
– Philippe aimait tellement cette musique...

†

Dans le sud de la France, c'est le jour de l'enterrement de Nicolas. En pleine saison estivale, il fait une chaleur étouffante. Alors, à la mise en bière, chacun sort son mouchoir pour s'éponger le visage.

Les personnes présentes attendent la veuve et sa fille dans un couloir, tout en bavardant. Certains semblent se retrouver après une longue période et ont donc beaucoup à se raconter.

Soudain, la veuve arrive au bras de sa fille. Toutes deux s'essuient le visage, mais, cette fois, pour en effacer les larmes.

À l'arrivée de ces deux dames, le maître de cérémonie fait entrer les personnes. La veuve, toujours soutenue par sa fille, s'avance alors vers le cercueil et lance, contrariée :

– Oh ! Vous l'avez couvert ! Vous ne pouvez pas retirer sa couverture ? Mon mari ne dort jamais couvert.

†

Une femme arrive à la mise en bière de son mari. Elle ouvre son sac à main et en retire un chèque. Elle le tend à l'un des agents funéraires et demande :

– Pourriez-vous lui mettre dans son cercueil, s'il vous plaît ? Mon mari était tellement radin qu'il serait heureux d'être enterré avec tout son argent.

†

L'agent funéraire reçoit un homme pragmatique. Pour l'inhumation de son épouse, il va toujours à l'essentiel. Apparemment, il n'a pas pour habitude de perdre son temps. Après avoir rempli une bonne partie du dossier, l'employé des pompes funèbres l'emmène choisir un cercueil. Après un bref coup d'œil à ceux exposés, il choisit un cercueil en chêne haut de gamme et demande :

– Le cercueil est garanti combien de temps ?

– Il n'est pas garanti.

– Ah ! fait-il, étonné. Alors je devrais le changer dans combien de temps ?

À 54 ans, Albert est mort d'avoir trop fumé. Aujourd'hui, il repose en paix dans son cercueil, mais on lui donnerait dix ans de plus.

Entouré de sa femme et de sa maîtresse, toutes deux en larmes, il semble dormir paisiblement.

Soudain, sa maîtresse s'approche de lui, lui baise le front et lui dit :

– Albert, je t'aime très fort.

Dès lors, sa femme s'approche à son tour, lui dépose, également, un baiser sur le front et rétorque :

– Non, Albert, ne l'écoute pas ! C'est moi qui t'aime le plus fort.

On vient d'enterrer Marcel, un vieil homme qui, visiblement, était peu aimé. Cependant, comme le veut la coutume après la descente du cercueil dans la fosse, le prêtre demande à l'assistance :
– Et maintenant, je vous invite à respecter une minute de silence pour vous laisser le temps de penser à Marcel.
– Pas la peine ! lâche l'un de ses fils. On préfère l'oublier !

†

Une femme est reçue par un agent funéraire pour organiser les obsèques de son époux. Elle se confie beaucoup et, à travers ses propos, l'employé des pompes funèbres sent que la femme ne regrette pas son mari. D'ailleurs, à un moment, elle dit :
– Vous savez ce que j'ai dit quand il est mort ?
– Non.
– J'ai dit : « Eh bien, voilà ! J'ai enfin réussi à divorcer à l'amiable ! »

†

Le lendemain de l'inhumation d'Éric, sa veuve, inculte, retourne à l'agence de pompes funèbres, affolée. L'employé qui la reçoit est celui qui avait organisé la cérémonie funèbre. Il connaît donc bien cette femme. Alors, dès qu'elle pénètre dans l'agence, il se précipite à sa rencontre car il pense qu'elle vient pour commander des cartes de remerciements.

– Bonjour, monsieur, commence-t-elle. Je voulais vous voir car je suis très inquiète.

– Ah ? Que se passe-t-il, madame ?

– Eh bien… Figurez-vous qu'hier, pendant la messe, monsieur le curé a dit que mon mari allait ressusciter d'entre les morts. Vous vous rendez compte ! J'ai réussi à m'en débarrasser et voilà qu'il va revenir me faire ch… ! Vous savez quand, vous ? Parce que je dois prendre mes dispositions pour qu'il ne me retrouve pas.

†

Un couple se présente à l'agence funéraire. Leur mère et belle-mère vient de décéder et ils veulent organiser ses funérailles.

D'emblée, l'agent funéraire qui les reçoit est mis dans le bain : la défunte n'était pas aimée. D'ailleurs, sa belle-fille dit :

– C'est simple, tout le monde l'appelait « la vieille sorcière ».

– C'est vrai, ajoute l'homme, ma mère était mauvaise. Elle méritait ce surnom. D'ailleurs, elle va sûrement effrayer Dieu.

– Cela m'étonnerait ! poursuit sa femme, sûre d'elle. Dieu n'accepte pas les sorcières !

†

Un agent funéraire reçoit la famille d'un noyé dont le corps a été retrouvé trois semaines plus tard. La femme, en pleurs, confie sa double tristesse :

– Notre pauvre fils ! Après avoir été mangé par les poissons, il va l'être par les vers !

†

Une sexagénaire maquillée vulgairement arrive à l'agence funéraire pour organiser les obsèques de son époux. Un employé des pompes funèbres traite son dossier et lui demande :
– Voulez-vous que nous lui fassions les soins de conservation ?
– Ah non, alors ! Vieux et moche comme il est, je ne crois pas que cela vaille la peine de conserver quoi que ce soit !

†

Après le décès de son mari, une femme fait les démarches nécessaires auprès d'une agence funéraire pour son inhumation. À la fin de l'entretien, elle demande à l'employé :
– Pourriez-vous lui faire une trace de rouge à lèvres sur la joue, s'il vous plaît ? Il en avait toujours en rentrant à la maison.

†

Gaston est décédé dans un accident de voiture et son corps a directement été transféré au funérarium.

Après en avoir été informée, sa veuve, traumatisée par ce décès brutal, se rend en ce lieu, un gros sac en plastique à la main.

Arrivée à la chambre funéraire, elle demande à voir son époux. Quelques minutes plus tard, il lui est présenté. Tandis que des larmes coulent sur son visage, elle lui caresse la joue et lui dit au revoir. Elle se dirige ensuite vers l'employé des pompes funèbres, ouvre son sac et en sort un costume en disant :

– Il faudra le repasser avant de lui mettre car mon mari ne peut pas se présenter avec un costume froissé devant Dieu.

†

Une femme souhaite faire incinérer son époux. Après avoir rempli partiellement le dossier, l'employé des pompes funèbres l'emmène choisir une urne. La femme opte pour une jolie urne en marbre rose. L'employé lui demande :

– Souhaitez-vous déposer l'urne au columbarium, madame ?

– Oh, oui ! Mon mari va être content ! Il aimait tant les colombes !

†

Le cercueil de Josette, fille de joie, est transporté dans le cimetière. Alors que les employés des pompes funèbres le déposent sur la tombe pour que le prêtre le bénisse une dernière fois, une dame lance à sa voisine :
– J'espère qu'elle ne va pas proposer ses services à Dieu !

†

Alors que le corbillard emmène Arnaud vers l'église où une cérémonie funèbre doit être faite pour lui rendre un dernier hommage, il est pris dans un énorme bouchon. Les véhicules étant tous immobilisés, le maître de cérémonie, très gêné, descend du fourgon et se dirige vers la voiture de la veuve pour s'excuser.
– Oh ! Mais vous n'y êtes pour rien ! Je suis sûre que c'est encore un tour de mon mari ! répond-elle en désignant toutes les voitures stoppées. Il n'a jamais été à l'heure de sa vie !

†

Quatre personnes entrent dans une agence funéraire. Ce sont les fils de René, mort de vieillesse.
Pendant l'entretien en vue de l'organisation des funérailles, l'employé des pompes funèbres demande :
– Voulez-vous que nous lui fassions les soins de conservation ?
– Il est mort, répond l'un des hommes. Je ne pense pas qu'il ait encore besoin de soins !

La messe d'inhumation d'Albert se termine. Après avoir signé le registre de condoléances, les gens sortent de l'église et s'amassent de part et d'autre du porche, dans l'attente de la sortie du cercueil. Il arrive, porté solennellement par quatre employés des pompes funèbres. Ils l'emmènent à sa tombe, fraîchement préparée. Pendant ce temps, la veuve, qui suit le cortège, dit à sa voisine :

– Lui qui aurait aimé vivre éternellement, il doit être content : le curé a dit qu'il était entré dans la vie éternelle.

Une veuve entre dans une agence de pompes funèbres. Son mari vient de décéder et elle souhaiterait organiser ses funérailles.

L'employé funéraire la reçoit et, après quelques minutes d'entretien, il lui demande :

– Quand souhaiteriez-vous inhumer votre époux ?

– Quand vous pourrez.

– Jeudi prochain vous conviendrait-il ?

– Ah non ! C'est l'enterrement du pape ! Dieu risque de ne s'occuper que de lui et d'oublier d'accueillir mon mari !

Au cimetière, alors que le cercueil de Jean vient d'être placé dans le caveau, une femme s'approche de la veuve et lui dit :

– Cela va te faire bizarre de vivre sans lui.

– Ah non ! C'est à lui que cela va faire bizarre ! Il ne pouvait pas se passer de moi. Il ne savait rien faire tout seul !

À la mise en bière d'une femme de plus de 80 ans, la famille se recueille dans le silence. Soudain, le maître de cérémonie fait signe aux porteurs qu'ils peuvent procéder à la fermeture du cercueil. Dès lors, l'un d'eux va chercher le couvercle, dressé le long d'un mur, et s'apprête à le poser sur le cercueil lorsqu'il est brutalement interrompu dans son geste par le mari de la défunte, qui hurle :

– Non ! Ne fermez pas ! Ma femme est claustrophobe !

†

Un homme, bouleversé par le décès de sa femme, semble complètement perdu lorsqu'il arrive à l'agence funéraire. Un employé le prend immédiatement en charge et remplit le dossier d'inhumation.

Après avoir choisi un cercueil, l'homme tend un sac à l'agent funéraire et dit :

– Voilà ! J'ai préparé un bonnet, des gants et une écharpe car il fait froid dans votre frigo.

†

En ce dimanche de février, l'agent funéraire de permanence vient de recevoir un appel téléphonique. Un homme de 63 ans vient de mourir d'une crise cardiaque et la veuve souhaite que l'employé des pompes funèbres vienne à son domicile.

C'est donc par un froid glacial qu'il se gare devant la maison du défunt. La veuve, qui l'a entendu arriver, lui ouvre la porte et le prie d'entrer rapidement, sous peine de refroidir la maison. Il est 18 h 10 et il fait nuit noire.

À peine entrée dans la cuisine, la femme conduit l'agent funéraire dans la chambre où elle a installé son mari. Elle ouvre tout doucement la porte, en évitant de faire du bruit, et fait signe à l'employé des pompes funèbres d'entrer, ce qu'il fait.

Cependant, comme il ne voit rien dans cette pièce plongée dans le noir, il demande :

– Pourriez-vous allumer la lumière, s'il vous plaît ?

– Certainement pas ! répond la femme d'un ton sec. Vous allez le réveiller !

†

Une femme arrive à la mise en bière de son mari. Elle entre dans le salon où il est installé et, le voyant dans le cercueil, s'écrie :
– Oh ! Malheur ! Mon mari ne se couche jamais sur le dos !

†

Dans un petit village corse, on s'apprête à inhumer Sylvio, un berger local. Malgré la chaleur, une dizaine de personnes se présentent à la mise en bière.
Soudain, la veuve s'approche du cercueil et regarde sous l'oreiller.
L'un de ses fils, étonné, lui demande :
– Qu'est-ce que tu regardes ?
– Je regarde si ton père n'a pas caché son revolver sous son oreiller, comme il le faisait à la maison.

†

Un homme meurt le 22 décembre. La veille de Noël, sa veuve se rend au funérarium pour voir son mari. Lorsqu'il lui est présenté, elle sort d'un sac une boîte de chocolats et la tend à son mari en disant :
– Joyeux Noël, mon Albert. Régale-toi.

†

À l'inhumation de Sylvain, c'est Maurice qui est désigné pour surveiller le bon déroulement des condoléances sur registre.

Après dix ans de carrière aux pompes funèbres, il a l'habitude de lire des condoléances fantaisistes.

Cependant, ce jour-là, il n'en revient pas de voir un homme écrire :

« Toi qui te méfiais de tout le monde, méfie-toi tout de même de Dieu. »

†

La femme qui vient de choisir un monument funéraire pour son époux ajoute :
– C'est possible d'inscrire une épitaphe dessus ?
– Bien sûr, madame.
– Dans ce cas, écrivez : « Toute ta vie, tu m'as fait vivre un enfer. Voici ton tour. »

†

La mise en bière terminée, les employés funéraires emportent le cercueil dans le corbillard. Il est temps de se rendre à l'église.

Le maître de cérémonie se dirige vers la veuve et demande :

– Voulez-vous nous suivre derrière le corbillard, madame ?

– Non. Toute sa vie, mon mari m'a suivie comme un toutou. Alors je ne voudrais pas changer ses habitudes.

Dans la salle d'exposition des cercueils, un employé funéraire explique à la dame, venue pour organiser les obsèques de son mari :

– Nous avons des modèles en pin, en chêne et en acajou.

– Oh ! Je ne veux rien de tout cela ! Mon mari était un fervent défenseur de la nature.

Il fait très froid. C'est la veille de Noël. Les tombes, dans ce cimetière rural, sont recouvertes de neige.

Les derniers membres de la famille du défunt quittent rapidement le cimetière. Avec ce vent glacial, mieux vaut ne pas s'attarder.

L'équipe des pompes funèbres s'apprête également à quitter ce lieu quand, tout à coup, le corbillard passe devant une tombe qui retient l'attention du personnel.

En effet, au pied de la sépulture, un petit sapin de Noël est fraîchement planté. Joliment décoré de boules et de guirlandes, il protège jalousement, à son pied, quelques petits paquets, soigneusement confectionnés et déposés sur le tapis de neige !

†

À l'inhumation de celui qu'on appelait le père François, un homme très acariâtre, nombreux sont ceux qui sont venus lui rendre un dernier hommage. Pourtant, en plein mois d'août, alors qu'il fait une chaleur torride depuis plusieurs jours, certains auraient préféré se rendre à la plage ou se prélasser dans leur jardin.

À la sortie de la messe, curieusement, le temps vire rapidement à l'orage et, sitôt le cercueil dans la tombe, de violents coups de tonnerre succèdent à la pluie qui s'est mise soudainement à tomber.

À ce moment-là, un homme lance :

– Tiens ! Il a déjà réussi à mettre Dieu en colère !

†

Dans une agence funéraire,
le téléphone sonne.
Un employé décroche et entend :
– Bonjour, ma femme vient de décéder.
Vous reste-t-il une place dans votre frigo ?

†

Après avoir rempli les papiers en vue de l'inhumation de son mari, une femme est invitée à choisir un cercueil. Arrivée dans la salle d'exposition, elle les passe tous en revue, sans en retenir un seul. Perplexe, l'agent funéraire lui demande alors :
– Quel cercueil avez-vous choisi, madame ?
– Aucun. Ils sont tous trop petits. Mon mari mesure 2,05 mètres.

†

Par une froide journée de novembre, une dame arrive aux pompes funèbres. Elle tient un petit garçon par la main.

L'agent funéraire les reçoit et les emmène rapidement dans un petit salon. Tout à coup, le petit garçon éclate en sanglots.

– Je vois que tu aimais bien ton pépé, lui dit gentiment l'employé des pompes funèbres. Tu as beaucoup de chagrin.

– Ce n'est pas pour cela que je pleure.

– Ah ! Excuse-moi.

– Je pleure parce que le Père Noël ne passera plus.

– Pourquoi ?

– Parce que c'était mon pépé.

†

Un homme entre dans une agence de pompes funèbres et dit :

– Bonjour. Je viens acheter un sac.

– Un sac ? demande l'employé, qui ne comprend pas ce qu'il veut.

– Oui, vous savez, comme pour les chiens quand ils sont morts. Ma femme est morte ce matin chez moi et je voudrais l'enterrer comme un chien.

†

Un homme choisit de faire incinérer son épouse. L'employé des pompes funèbres qui le reçoit en prend note et l'emmène choisir une urne. Après quelques hésitations, l'homme opte pour une urne en granit vert. L'employé funéraire demande alors à l'homme ce qu'il souhaite faire des cendres.

– Oh ! Je veux mettre l'urne au colombophile !

Au cimetière, le cercueil d'Isabelle est descendu dans le caveau. Elle avait 39 ans et deux jeunes enfants. Ils regardent le cercueil de leur mère et l'un d'eux demande :

– Dis, papa, elle ne va pas s'ennuyer, toute seule, maman ?

Un couple d'une quarantaine d'années arrive aux pompes funèbres pour organiser les obsèques d'un de ses proches.

À l'employé qui l'accueille, l'homme déclare tout de go :

– Nous venons acheter un cercueil pour mon père mais, vous savez, nous ne voulons pas d'un petit cercueil, nous voulons qu'il soit à l'aise dedans.

†

Une femme explique à l'agent funéraire qui la reçoit qu'elle souhaite faire incinérer son mari. L'employé des pompes funèbres remplit son dossier dans ce sens puis demande :

– Souhaitez-vous apporter des vêtements pour votre mari ?

– Pourquoi ? Puisque vous allez le brûler.

Le téléphone sonne dans l'agence funéraire de cette petite ville. Un employé décroche aussitôt et entend :

– Bonjour, monsieur. Mon mari vient de mourir chez moi. Vous pourriez l'emmener au conservatoire ?

L'employé des pompes funèbres qui reçoit la veuve lui demande, à la fin de l'entretien pour l'organisation des obsèques de son défunt mari :

– Voulez-vous faire paraître un avis dans la presse, madame ?

– Ah oui ! Mon mari a toujours voulu qu'on parle de lui dans le journal. Alors il va être content ! Finalement, c'est l'occasion ou jamais !

†

– Voulez-vous que nous lui fassions les soins de conservation, madame ? demande l'employé des pompes funèbres à une femme, venue le voir pour préparer l'inhumation de son époux.

– Ah non ! Je ne veux pas le conserver ! Il m'a assez fait suer toute la vie !

†

Un agent funéraire est appelé au domicile d'un homme décédé chez lui. Son épouse ne veut pas le quitter. On ne sait jamais !

L'employé des pompes funèbres arrive sur place une trentaine de minutes après l'appel. Dès son arrivée, la veuve le conduit dans la chambre où elle a installé son mari. Elle l'a allongé dans une chambre d'amis, sur un lit d'une personne. Pas question de l'installer sur le lit conjugal, cela pourrait porter malheur !

L'agent funéraire observe l'ensemble de la chambre pour pouvoir organiser une mise en bière correcte mais, soudain, son regard est attiré vers le corps. Il est recouvert d'une matière blanche dont, seule, la tête dépasse. Il s'approche alors du lit pour mieux voir ce qui l'intrigue. Il tâte la matière et s'aperçoit que son intuition était bonne : c'est du gros sel ! Il demande alors :

– Pourquoi avez-vous recouvert votre mari de gros sel ?

– Eh bien ! Pour le conserver, évidemment !

†

La famille d'Alexandre est au complet lors de sa mise en bière. C'est donc un groupe d'une douzaine de personnes qui pénètre dans le salon funéraire.

Rapidement, elles s'approchent du cercueil et, surprise, la veuve lance :

– Oh ! Regardez ! Votre père va mieux ! Il a meilleure mine !

†

Un homme appelle l'agence des pompes funèbres car sa femme vient de décéder à son domicile. L'agent se rend sur place et, très vite, l'homme le conduit dans la chambre où repose son épouse. Il ouvre la porte et dit :

– Je voudrais un beau sarcophage.

†

À l'agence funéraire, un garçonnet demande à sa mère :

– Il est où, papa ?

– Il est parti pour un monde meilleur, mon chou.

– Alors pourquoi tu pleures ?

†

Un vieil homme, perturbé par le décès de son épouse, écoute poliment l'employé des pompes funèbres qui le reçoit et répond à ses questions. Tout à coup, au milieu de l'entretien, il demande :
– Quand emmènerez-vous ma femme à l'incinératoire ?

†

Ce matin-là, cinq personnes pénètrent dans le bureau de l'assistant funéraire. Ce sont les filles et gendres d'une vieille dame, décédée la veille au soir. Une bonne entente familiale semble régner entre eux et ils choisissent un magnifique cercueil en acajou.

De retour dans le bureau de l'employé des pompes funèbres, l'une des filles tend un sac à ce dernier en précisant :

– Voilà ! Nous avons apporté quelques vêtements.

– Oh ! réagit alors aussitôt l'une des deux autres sœurs. Nous n'avons pas apporté de chaussures !

– Ce n'est pas nécessaire, Claudine, répond la femme qui a tendu le sac à l'employé funéraire. Tu sais très bien que maman a toujours eu mal aux pieds !

†

Luc était un escroc, qui a passé de nombreuses années en prison. Toute sa vie, il l'a consacrée à arnaquer les gens mais, arrivé à la soixantaine, l'envie lui était passée. Il y a quatre jours, il est mort d'une leucémie.

Aujourd'hui, peu de monde se présente à son enterrement. Qui irait rendre hommage à un homme avec une telle réputation ?

Ainsi, lorsque le cercueil est au fond de la fosse, l'un de ses frères le regarde et jette :

– Ça y est ! Il est dans le trou.

– Oui, répond son autre frère. Remarque, cela ne le change pas... avec toutes les années qu'il a passées au trou...

Un homme entre dans une agence funéraire et lance :

– Bonjour. Je viens voir le tombeur.

– Euh... Vous voulez dire l'employé des pompes funèbres ?

– Non, le monsieur qui creuse les tombes.

Alors que les employés funéraires sortent le cercueil d'Isabelle de l'église pour l'emmener dans son tombeau, le fils de la défunte, âgé d'à peine 6 ans, demande à sa grand-mère :

– C'est vrai que maman est devenue une étoile ?

– Oui, mon chéri.

– Alors, plus tard, je serai cosmonaute. Comme ça, j'irai la voir et je me poserai dessus.

À la mise en bière d'un homme d'affaires, qui avait l'habitude de parcourir le monde pour son travail, sa femme lui demande :

– N'oublie pas de me dire si tu es bien arrivé. Tu me le disais toujours lorsque tu voyageais.

Aujourd'hui, on enterre Antoine, un braqueur de fourgons de transport de fonds.

À sa mise en bière, plusieurs membres de sa famille sont présents.

Après avoir apposé les scellés réglementaires sur le cercueil pour pouvoir le transporter dans une autre ville, les employés des pompes funèbres soulèvent le cercueil et le transportent jusqu'au corbillard. Au moment où ils le glissent à l'intérieur, quelqu'un lance :

– Au moins, ce fourgon-là, il ne le braquera pas !

†

Un homme arrive au funérarium pour la mise en bière de sa femme. Il est accompagné de ses trois enfants.

Ils entrent dans le salon de présentation et s'approchent lentement du cercueil. Tout le monde se tait. Tout à coup, l'une des filles dit :

– Tu ne lui dis rien, papa ?

– Ah non ! Pour une fois qu'elle se tait, je savoure ce moment !

†

Un homme très « gentleman » arrive aux pompes funèbres pour les obsèques de son père et exprime le vœu que tout soit parfait. Alors, lorsqu'il entre dans la salle d'exposition des cercueils, il se dirige tout de suite vers les haut de gamme et en choisit un sans hésiter en se justifiant :

– Oh, oui ! Mettez-moi celui-là ! Mon père va être bien, là-dedans !

†

Une veuve explique à l'agent funéraire que son mari est décédé de vieillesse dans la nuit. Bien que triste, elle s'était préparée à cette séparation. Ainsi va la vie...

Après avoir rempli le dossier d'inhumation, la veuve choisit un beau cercueil en chêne. Rien n'est trop beau pour celui qu'elle a aimé toute sa vie.

De retour dans le salon de réception, l'agent des pompes funèbres lui demande :

– Voulez-vous lui apporter des vêtements ?

– Oh oui ! Je vous apporterai son beau costume cet après-midi.

L'après-midi, dès l'ouverture de l'agence, la dame est là, un gros sac à la main. L'employé funéraire l'accueille gentiment et la dame explique :

– Voilà ! Comme je vous le disais ce matin, je vous ai apporté son costume et j'ai aussi pensé à prendre une alèse pour ne pas qu'il salisse votre joli capiton.

†

À l'inhumation de sa grand-mère, un petit garçon est très attentif au prêche du prêtre. Soudain, choqué, sa voix résonne dans l'église :
– Dis, maman, pourquoi le curé dit que mémé va redevenir poussière ? Elle détestait la poussière ! Elle ne va pas être contente !

†

Une vieille femme reçoit un agent funéraire chez elle. Son mari est décédé dans la nuit et elle ne peut se déplacer.
Après avoir vu le corps, l'employé des pompes funèbres demande :
– Voulez-vous que nous transportions votre époux au funérarium, madame ?
– Non ! Je veux qu'il reste ici. Par contre, serait-il possible qu'un momificateur s'occupe de lui ?

†

À la mise en bière d'un homme décédé dans un accident de la route, sa veuve dit à l'employé des pompes funèbres :

– Tenez ! Je vous ai apporté son GPS. Mettez-le dans son cercueil car il est incapable de trouver sa route sans.

†

À l'agence funéraire, un homme prépare, avec un employé des pompes funèbres, les obsèques de sa défunte épouse. L'employé demande :

– Souhaitez-vous une inhumation classique ou une crémation, monsieur ?

– Oh ! Ma femme a toujours eu un tempérament de feu, alors je vais choisir la crémation.

†

Une femme entre d'un pas décidé dans une agence funéraire. Elle a dans les 70 ans. Elle explique que son mari vient de décéder et elle souhaite le faire inhumer au plus vite.

Au cours de l'entretien pour mettre au point les obsèques, l'employé des pompes funèbres lui demande :

– Souhaitez-vous que nous lui fassions les soins de conservation, madame ?

– Ah non ! rétorque-t-elle sèchement. Je veux l'enterrer, pas le conserver !

†

Une septuagénaire entre dans une agence funéraire. Son mari vient de décéder et elle souhaiterait ce qu'il y a de mieux pour ses funérailles. Après quelques minutes d'entretien, où elle répond avec agacement à l'employé qui la reçoit, elle déclare :

– Je voudrais que vous fassiez comme les pharaons.

– Mais, madame, répond l'agent funéraire, ébahi par une telle demande, ce n'est pas possible.

– Pourquoi ? Vous êtes plus bêtes que les Égyptiens de cette époque ?

†

L'homme qui vient de choisir un monument funéraire pour sa femme demande à l'employé des pompes funèbres :
– Puis-je faire graver une épitaphe dessus ?
– Bien sûr, monsieur. Que souhaitez-vous inscrire ?
– « Bonne chance, Dieu. »

†

– Allô ! dit une vieille femme. Je suis bien aux pompes funèbres ?

– Oui, madame. Que puis-je faire pour votre service ?

– Voilà ! J'ai, sous les yeux, un article qui explique que nous pouvons régler nos propres obsèques et choisir nos prestations du temps de notre vivant. Est-ce exact ?

– Oui, madame.

– Alors, attendez-moi ! J'arrive !

Une demi-heure plus tard, la vieille dame se retrouve dans un bureau des pompes funèbres, expliquant à l'employé qui la reçoit :

– Vous comprenez, je tiens absolument à organiser moi-même mes propres obsèques car je n'ai pas confiance en mes enfants. Alors, dès que j'ai lu l'article, je me suis dit que je n'avais pas une minute à perdre : on ne sait jamais !

La vieille dame précise ensuite exactement ce qu'elle souhaite pour ses funérailles et l'assistant funéraire l'écoute attentivement en pensant :

– Quelle femme énergique !

Il l'emmène alors dans la salle d'exposition pour choisir son cercueil. Elle est tout de suite attirée par un modèle dont le couvercle est légèrement bombé. L'employé en prend note et lui demande si la couleur du capiton lui convient.

– Ah ! réplique-t-elle. Je suis partie si vite vous voir que je n'ai pas eu le temps d'y penser ! Et puis, votre question est délicate : il faut que j'assortisse le capiton du cercueil avec la chemise de nuit que je souhaiterais porter. Écoutez, je retourne chez moi, je vais chercher ma chemise de nuit et je regarderai quelle couleur conviendra le mieux. D'accord ?

L'assistant funéraire, amusé par cette petite femme à l'air malicieux, la raccompagne jusqu'à la porte donnant sur la rue en disant :

– À tout à l'heure, madame !

– Oh, oui ! Attendez-moi ! Je reviens tout de suite !

Moins d'une heure plus tard, la vieille dame franchit, de nouveau, la porte des pompes funèbres, un sac à la main. En pénétrant dans le bureau de l'employé, elle s'empresse de sortir sa chemise de nuit, impeccablement repassée et soigneusement pliée, et ajoute :

– Vous voyez, avec ce tissu fleuri, ce n'est pas facile de choisir la couleur du capiton !

L'agent funéraire emmène donc une seconde fois la vieille dame dans la salle d'exposition des cercueils, munie de la chemise de nuit, qu'elle place sur chaque capiton, une, deux, voire trois fois !

†

Une jeune femme a emmené sa fille de 4 ans avec elle à l'agence funéraire pour l'organisation des obsèques de son mari. Tout à coup, l'enfant demande à sa mère :
– Il est où, papa ?
– Tu le sais bien, ma chérie, maman te l'a déjà dit : il est au ciel.
– Alors pourquoi dis-tu que tu vas l'enterrer ?

†

Après avoir déterminé la date des funérailles d'Alexis, l'employé funéraire fait choisir un cercueil aux deux fils du défunt. Arrivé dans la salle d'exposition, l'un des fils se tourne vers l'employé des pompes funèbres et se confie :
– Voyez-vous, monsieur, avant que la mort frappe mon père, j'ai toujours pensé que les pompes funèbres ne servaient à rien.

†

Un homme discute de l'organisation des funérailles de sa femme avec un employé des pompes funèbres.

Après avoir choisi le cercueil, l'employé lui demande :

– Avez-vous une concession, monsieur ?

– Non. Je dois en acheter une ?

– C'est vous qui choisissez.

– Dans ce cas, ce n'est pas la peine. C'est vraiment de l'argent dépensé pour rien.

– Comme vous voulez. Souhaitez-vous une fosse ou un caveau ?

– Oh ! Une fosse, cela suffira.

– Très bien. Je note.

– Vous pouvez me dire quand le fossoyage va commencer ?

†

Après avoir réglé les détails des obsèques de Jean, sa femme demande à choisir une pierre tombale. Elle opte pour un granit rose avec une stèle. L'agent funéraire lui présente alors les différentes calligraphies pour graver son prénom, son nom et ses dates de naissance et de mort. Après avoir fait son choix, elle ajoute :

– J'aimerais que vous inscriviez également : « Ce petit homme fut un grand homme. »

†

À l'agence funéraire, une mère et ses enfants règlent les obsèques de Jean. Après avoir fixé le jour et l'heure de l'inhumation, l'employé funéraire s'apprête à rédiger les faire-part. Il propose plusieurs modèles de textes. La veuve en retient un et précise :

– Il faudrait ajouter : « Pas de fleurs. »

– Mais pourquoi ne veux-tu pas que les gens lui apportent des fleurs ? demande une jeune femme.

– Mais enfin, Sylvie, tu sais très bien que ton père est allergique au pollen !

†

À Bonifacio, c'est le jour de l'enterrement d'Alberto. À sa mise en bière, malgré la chaleur, de nombreuses personnes sont présentes. Tout à coup, l'un des fils du défunt ouvre le sac qu'il a apporté, en sort un revolver et le place sous l'oreiller de son père. L'employé des pompes funèbres, scandalisé par la scène, s'approche alors du cercueil pour le retirer mais l'homme le dissuade en expliquant :

– Mon père était méfiant. Il ne dormait jamais sans son revolver. Il avait peur des inconnus et, là-haut, il va en rencontrer et on ne sait pas qui. Alors il vaut mieux être prudent.

– Justement, rétorque un autre fils, pris au dépourvu par le geste de son frère, tu n'as pas peur qu'il tue Dieu ?

†

François est décédé ce matin et son corps a été transféré au funérarium. Dans l'après-midi, sa veuve est allée le voir et a apporté un sac de vêtements pour sa mise en bière. Alors qu'elle tend le sac à l'employé qui la reçoit, elle demande :

– J'aimerais récupérer l'alliance de mon mari. Vous pourriez la lui retirer, s'il vous plaît ? Ce matin, j'ai essayé, mais je n'ai pas réussi. Or, comme elle est en or, j'aimerais la revendre.

– Nous verrons ce que nous pourrons faire, madame.

– Merci.

Le lendemain, la veuve, impatiente de voir ce qu'il en est, retourne au funérarium à la première heure. La reconnaissant, l'employé lui demande :

– Vous souhaitez voir votre époux, madame ?

– Non. Je voulais juste savoir si vous aviez réussi à lui retirer son alliance.

– Malheureusement, non. Pourtant, nous avons fait tout ce que nous avons pu. Nous sommes désolés.

– Eh bien ! Vous n'avez qu'à lui couper le doigt ! rétorque-t-elle, en colère.

†

En ce jour hivernal, il fait un temps effroyablement froid et venteux.
Il faut pourtant enterrer Julien, décédé trois jours auparavant.
Aimé et respecté de tous, il y a foule à sa mise en bière et nombreuses sont les fleurs, couronnes et plaques apportées. Alors les employés funéraires accrochent les présentations florales les plus volumineuses sur les côtés du corbillard.
La mise en bière terminée, il est temps de se rendre à l'église. Celle-ci, ceinte de son cimetière, se trouve dans un petit village. C'est donc très lentement que le véhicule mortuaire pénètre dans le cimetière pour se garer face à l'église.
Entendant la procession arriver, le curé sort de son édifice pour venir bénir le corps à la sortie du corbillard. Lorsque ce dernier franchit le porche, les employés des pompes funèbres commencent à décrocher les couronnes du corbillard pour les disposer autour du cercueil, dans l'église. À ce moment-là, une bourrasque plus forte que les autres souffle et emporte l'une des couronnes. Affolé, l'employé funéraire court après mais, trop tard ! Celle-ci retombe... autour du cou du prêtre, stupéfait !

†

Jean est mort cette nuit et, ce matin, sa veuve vient à l'agence funéraire pour préparer ses obsèques. À un moment, l'employé des pompes funèbres lui demande :

– Souhaitez-vous que nous lui fassions les soins de conservation, madame ?

– Ah non ! Je veux que mon mari soit disparu à mon arrivée !

†

Un homme entre dans une agence de pompes funèbres et commande les obsèques de son épouse. Après avoir choisi le cercueil, il dit :

– Maintenant, je voudrais une cage en béton (comprendre « caveau »).

†

À l'agence funéraire, une jeune femme est venue avec sa fille de 6 ans pour régler les obsèques de son mari, mort d'un cancer. Alors que les deux adultes discutent, la petite fille écoute, très sagement. Elle ne semble pas réagir que son père est mort. Tout à coup, elle s'adresse à l'employé funéraire :
– Maman dit que papa est parti au jardin d'Éden. C'est vrai ?
– Oui.
– Alors, pourquoi il ne m'a pas emmenée ? D'habitude, il m'emmène au jardin pour que je joue.

†

Un homme d'une soixantaine d'années franchit la porte des pompes funèbres et explique tout de suite à l'employé qui le reçoit que, étant veuf et sans enfants, il vient régler ses futures obsèques.

Après avoir choisi les différentes prestations, il demande à voir les pierres tombales. L'assistant funéraire l'emmène donc dans la pièce où elles sont exposées. L'homme fait le tour des monuments et en choisit un simple de granit rose. Il s'adresse alors à l'employé des pompes funèbres et lui demande :

– Puis-je faire graver dessus une épitaphe ?

– Bien sûr, monsieur. Que souhaiteriez-vous inscrire ?

– « Si vous lisez ceci, c'est que je ne suis plus. »

†

Une sexagénaire entre dans une agence funéraire pour organiser les obsèques de son époux. Elle ne semble pas très affectée par sa mort et parle de lui en des termes irrespectueux. Après avoir accepté cependant les soins de conservation, dont l'agent funéraire a vanté les vertus, elle demande :
– Vous n'avez rien pour l'empêcher de venir me hanter la nuit ?

†

Il est à peine 10 heures en ce mardi hivernal lorsque le téléphone sonne dans l'agence de pompes funèbres.
L'employé, qui vient de raccrocher après avoir parlé à un prêtre pour une future inhumation, décroche et s'entend dire :
– Allô ! Mon mari est décédé chez moi cette nuit et ma fille vient d'arriver. En voyant son père, elle m'a demandé si je lui avais fait sa toilette mortuaire. Je lui ai répondu non, mais elle insiste pour que je la fasse. Moi, je m'y refuse car je trouve cela stupide puisqu'on va le mettre en terre et qu'il va se faire manger par les vers. C'est comme si vous nettoyiez vos ordures avant de les jeter ! Mais ma fille prétend que je dois le faire par respect vis-à-vis de Dieu. Qu'en pensez-vous ?

†

Alors que la veuve vient de choisir le cercueil pour son défunt mari, l'employé des pompes funèbres lui demande :

– Quel capiton voulez-vous, madame ?

– Oh ! Aucun. Je peux apporter son oreiller et son duvet ?

†

À la mise en bière de Marcel, une femme, grossièrement maquillée, s'approche du cercueil et y glisse une morue.

– Mais... madame... s'offusque un employé funéraire. Vous ne pouvez pas...

– Si ! le coupe sèchement la femme. Je peux ! C'était un maquereau et il a toujours aimé les morues !

†

Noël est inhumé le 13 décembre dans la petite église de son village. Malgré le mauvais temps, nombre de villageois sont présents.

Le curé prêche et dit :

– Noël n'est plus...

À ces mots, un petit garçon pleure et lance à sa mère en hoquetant :

– Oh, maman ! Alors je n'aurai pas mon costume de cow-boy...

†

Alors que le téléphone sonne dans l'agence funéraire, un employé décroche et entend :
– Allô ! C'est bien ici qu'on vend des cendriers quand on casse sa pipe ?

†

L'agent funéraire se rend au domicile d'une défunte. Une demi-heure auparavant, son mari, affolé, a téléphoné aux pompes funèbres pour qu'une personne qualifiée vienne chez lui.

Arrivé sur place, l'employé funéraire est immédiatement introduit dans la chambre de la défunte. Là, il a un mouvement de recul : la pièce est tellement surchauffée qu'il a failli se sentir mal. Finalement, il se met en condition et se dit qu'il ne restera que le strict minimum dans cette pièce, le temps d'évaluer la position des meubles et d'organiser mentalement la mise en bière. Il retourne donc dans la chambre et, en s'approchant du lit, s'aperçoit que la défunte est recouverte de plusieurs édredons. À ce moment-là, le mari, touchant le visage de sa femme, désemparé, lance :

– Je ne comprends pas, j'ai mis le chauffage à fond, je l'ai couverte au maximum, mais elle est toujours glacée.

†

Bernard est mort brûlé dans l'incendie de son usine. En voulant sauver un collègue, une poutre lui est tombée dessus et tous deux n'ont pu réchapper aux flammes. Un acte de bravoure qui lui a coûté la vie. Il avait 33 ans.

Ses parents et sa veuve, effondrés, arrivent aux pompes funèbres et expliquent le drame à l'agent qui les reçoit.

Après les avoir écoutés, l'employé funéraire commence à remplir le dossier en vue des futures obsèques. Il demande :

– Souhaitez-vous une inhumation classique ou une crémation ?

– Non, pas une crémation, réplique la mère. C'est déjà fait.

†

À la mise en bière de son mari, une femme sort d'un sac deux bouées de bras et demande à un agent funéraire :
– Monsieur, vous pourriez lui mettre ses bouées, s'il vous plaît ? Mon mari ne sait pas nager, alors je ne voudrais pas qu'il se noie en traversant le Styx.

†

La femme de Jacques vient de décéder et il semble plutôt soulagé. Apparemment, Claudine devait être une femme acariâtre, que rien ne devait contrarier. Il n'a jamais divorcé à cause des enfants, mais sa vie était un enfer. Alors, à l'agent funéraire qui le reçoit, il demande tout ce qu'il y a de moins cher.

Après avoir choisi la pierre tombale la moins onéreuse possible, il demande cependant :

– Pourrais-je faire graver une épitaphe sur le monument ?

– Bien sûr, monsieur.

– Dans ce cas, veuillez inscrire : « Que Satan réussisse là où j'ai échoué : te mater. »

†

Deux femmes arrivent dans une agence de pompes funèbres : la mère et la fille. Après avoir expliqué les circonstances du décès du défunt et retracé sa vie en détail, plus d'une heure est passée et le dossier d'inhumation n'a guère avancé. Pas moyen, pour l'agent funéraire, de poser les questions habituelles car les deux femmes ne cessent de parler à tour de rôle. Finalement, deux heures plus tard, le dossier avance et l'employé des pompes funèbres invite les deux femmes à venir choisir un cercueil. Après les avoir tous détaillés, la veuve se prononce, sûre d'elle, en pointant un magnifique cercueil en chêne :

– Mettez-moi celui-là !

– Mais enfin, maman ! objecte sa fille, cela ne va pas ? Tu ne vas tout de même pas lui acheter un beau cercueil ! C'est du gâchis !

†

Un homme est mort assassiné. Un règlement de comptes entre voyous. Sa veuve arrive aux pompes funèbres pour organiser ses obsèques et, après quelques minutes d'entretien avec l'employé des pompes funèbres, précise :

– Il paraît qu'un législatif va l'opérer ce soir.

Une femme entre dans une agence funéraire avec son jeune fils. Elle vient organiser les obsèques de son père, décédé le matin même.

L'agent funéraire les reçoit dans un petit salon et commence à monter le dossier.

Tout à coup, l'enfant lui dit :

– Plus tard, je ne fumerai pas la pipe car le jour où papy l'a cassée, il est mort.

Une femme explique à l'agent funéraire qui la reçoit que son mari a été enseveli sous la neige. Alors qu'il faisait du hors-piste, il n'a pas survécu à une coulée de neige.

Cette mort si inattendue a laissé une femme brisée de chagrin.

Le jour de l'enterrement, il y a beaucoup de monde dans cette église moyennement grande. Le défunt avait une quarantaine d'années et était très apprécié dans sa commune.

Après la messe, le cercueil est emporté au cimetière. Il est porté jusqu'à sa tombe, une fosse. Le prêtre récite les dernières prières puis le cercueil est descendu au fond de la fosse. Chacun peut alors se recueillir une dernière fois et, après la dernière personne, les fossoyeurs rebouchent la tombe pour finir avant la nuit.

À ce moment-là, la veuve se retourne et jette aux personnes qui l'entourent :

– Décidément, il a l'air d'aimer cela, d'être enseveli !

†

Une femme totalement éplorée entre dans une agence de pompes funèbres. Entre deux sanglots, elle dit :

– Bonjour, je viens pour un enterrement.

– Oui. Je vous présente mes plus sincères condoléances, madame.

– Merci.

– Voulez-vous me suivre ?

L'agent funéraire emmène la femme inconsolable dans un salon d'accueil et sort un dossier. Une fois prêt, il demande :

– Quel est le nom du défunt ?

– Victor.

– Victor comment ?

– Victor Hamon, H.A.M.O.N.

– Sa date de naissance ?

– Le 23 février 1999.

À cette réponse, l'agent funéraire comprend toute la détresse de cette mère de famille. Alors il compatit :

– Je suis sincèrement désolé, madame. C'est toujours très difficile de perdre un enfant.

– Oh oui ! Vous ne pouvez pas savoir, répond-elle, effondrée. C'était mon bébé chéri.

– Quand est-il décédé ?

– Ce matin, donc, le 4 mars 2010.

– Est-il décédé à l'hôpital ?

– Non, à la clinique. Il y était depuis trois jours.

– Donc, c'est la clinique qui s'occupera de la déclaration de décès à la mairie.

– Ah ! Très bien...

Après avoir rempli la partie principale du dossier, l'employé funéraire présente une photo du cercueil qu'il propose pour l'enterrement d'un enfant. C'est un magnifique cercueil blanc et la femme est enthousiasmée.

L'agent funéraire demande ensuite :

– Votre petit Victor est à la morgue de la clinique, je suppose ?

– Oui, c'est cela.

– Avez-vous une place au cimetière ?

– Non, pas encore. Je vais m'en occuper.

– Très bien, madame. Alors en ce qui me concerne, pour l'instant, tout est réglé. Souvenez-vous, vous avez rendez-vous avec le prêtre demain matin, à 10 heures.

– Oui, vous me l'avez écrit.

Après quelques paroles de réconfort, l'employé des pompes funèbres reconduit la dame jusqu'à la porte et lui souhaite bon courage.

L'après-midi, il se rend à la mairie pour récupérer le certificat de décès. Là, c'est avec étonnement qu'il apprend qu'aucune déclaration de décès n'a été effectuée à ce nom.

Intrigué, de retour à l'agence, il téléphone à la clinique et c'est encore plus surpris qu'il apprend qu'aucun petit garçon n'est décédé le matin dans leur établissement. D'ailleurs, aucun enfant de ce nom-là n'est enregistré comme malade.

L'employé des pompes funèbres est perplexe. Il n'y comprend plus rien. Alors, pour éclaircir le mystère, il appelle la femme qu'il a reçue le matin.

Après s'être présenté, il prend de ses nouvelles puis lui demande :

– Vous m'avez bien dit que votre petit Victor était décédé à la clinique ?

– Oui, c'est exact, ce matin.

– Comme la clinique n'a pas transmis l'avis de décès à la mairie, je les ai appelés pour savoir ce qu'il en était. Ils m'ont répondu qu'aucun petit Victor n'était mort ce matin et qu'aucun petit Victor Hamon n'avait été admis dans leur établissement. Pourtant, je n'ai pas pu me tromper, il n'y a qu'une seule clinique dans notre ville, la clinique de la Baie.

– Non ! Vous vous trompez ! Il y a une autre clinique. Mon petit bichon est mort à la clinique vétérinaire !

†

Une femme vient de régler l'organisation des funérailles de son époux. Elle choisit, maintenant, le monument. Elle opte pour une plaque simple en marbre noir et précise :

– J'aimerais que vous graviez dessus : « Repose en paix… jusqu'à ce que j'arrive. »

†

– Allô ! Ma mère vient de décéder. Pouvez-vous venir, s'il vous plaît ? Après avoir pris les renseignements sur le lieu du domicile, l'assistant funéraire répond :
– Je serai chez vous dans une heure. Cela vous convient-il, monsieur ?
– Parfait ! À tout à l'heure !

Une heure plus tard, l'employé des pompes funèbres arrive au domicile de la défunte. La dame de compagnie de cette dernière le prie d'entrer et de s'installer, en attendant l'arrivée du fils unique, qu'elle a prévenu du décès de sa mère.
Il arrive quelques minutes plus tard, frigorifié par la température hivernale, salue l'employé funéraire et l'invite à le suivre dans la chambre de la défunte. En ouvrant la porte, il pousse un cri d'horreur et, s'adressant à la dame de compagnie, lui reproche :
– Pourquoi avez-vous laissé la fenêtre ouverte ? Maman va attraper froid !

†

Lorsque la porte de l'agence funéraire s'ouvre, l'employé n'en revient pas : il a devant lui une célébrité du cinéma ! L'homme s'avance vers lui et lui explique que, vieillissant, il souhaiterait organiser ses futures obsèques. L'employé l'emmène donc dans un petit salon pour monter le dossier. Après avoir choisi des prestations de qualité, l'homme demande :
– Serait-il possible de prévoir une épitaphe sur ma stèle ?
– Bien sûr, monsieur.
– Ah ! Très bien ! Dans ce cas, vous ferez graver : « Sur Terre, j'étais tout. Sous terre, je ne suis plus rien. »

†

Il fait chaud, en ce mois d'août, dans ce petit village sur les hauteurs de Marseille, lorsqu'on enterre Joseph. Alors, pendant toute la messe, les quelques personnes présentes ne cessent de s'éponger le visage.

Les cloches de fin de cérémonie sonnent enfin et chacun, après avoir béni le corps, va inscrire un message de condoléances dans le registre que tient un employé des pompes funèbres.

Un gros monsieur s'avance vers lui. Il a l'air de bien aimer profiter de la vie. Il se saisit du stylo mis à la disposition du public et inscrit :

« Quand j'arriverai, prépare le pastis. Nous fêterons nos retrouvailles. »

†

Une dame entre dans une agence de pompes funèbres. Son époux est mort il y a quelques heures et elle souhaiterait des funérailles très simples. Pas la peine de dépenser des fortunes pour enterrer les morts, ils ne vous en sont pas reconnaissants !

L'entretien est donc très court car la veuve ne souhaite pas perdre non plus son temps à discuter obsèques. Cela ne sert à rien !

Cependant, avant de laisser la dame partir, l'agent lui demande :

– Avez-vous des questions, madame ?

– Non. Je crois que nous avons fait le tour du sujet et vous semblez être très compétent en la matière. Je vous fais confiance.

– Très bien. Dans ce cas, nous nous reverrons dans trois jours, à la mise en bière.

– C'est cela.

À ce moment-là, la dame se lève puis, soudainement, se rassoit.

– Ah ! En fait, si, j'ai une question. J'allais oublier de vous la poser. Je suis vraiment tête en l'air. Je dois me rendre au bureau de poste pour faire son changement d'adresse, mais quelle nouvelle adresse dois-je donner ?

†

La famille proche est rassemblée autour du cercueil de Patricia. Dans quelques instants, son corps sera transporté à la petite église de son village.

Tout à coup, inquiète, l'une des filles de la défunte demande à son père :

– Tu lui as mis son dentier ?

– Ben oui ! Je ne sais pas s'il y a un dentiste, là-haut !

Vu sur une vitrine de pompes funèbres :

« Fermé pour cause de décès. »

Une femme entre dans une agence de pompes funèbres et explique à l'employé qu'elle aimerait prévoir ses obsèques. L'agent funéraire monte alors le dossier en ce sens puis invite la dame à venir choisir son cercueil.

Arrivée dans la salle d'exposition, elle demande :

– Je peux les essayer ? Je veux savoir si je serai bien dedans et si mon matelas sera confortable. C'est important d'essayer sa literie.

†

Lorsque le cercueil de Mireille
est descendu dans le caveau,
son jeune fils s'inquiète :
– Dis, papa, tu lui as donné
ton téléphone, à maman,
pour quand je voudrais l'appeler ?

†

Un employé funéraire accueille une femme âgée qui vient d'entrer dans l'agence. Elle dit :
– Bonjour. Je vous apporte le visa pour le voyage (comprendre « acte de décès »).

†

Alors qu'il reçoit une veuve, qui vient pour l'inhumation de son époux, celle-ci se confie :

– J'ai peur pour mon mari, monsieur. Toute sa vie, il a eu la hantise des fantômes. Alors comment va-t-il réagir s'il en croise ?

†

De temps en temps, l'agent funéraire, placé près du registre funéraire pour tourner les pages lorsqu'elles sont remplies, ne peut s'empêcher de jeter un œil sur ce qu'écrivent les gens.

Ainsi, quelle n'est pas sa surprise à la lecture de ce que vient d'écrire une dame :

« Maintenant qu'Édouard est mort, tu vas, enfin, pouvoir vivre. »

†

À la mise en bière d'un homme âgé, sa femme s'approche d'un agent funéraire et demande :
– Pourriez-vous mettre son réveil dans son cercueil, s'il vous plaît ? Mon mari aime bien savoir l'heure qu'il est.

Une femme prépare les obsèques de son époux avec un agent funéraire. À un moment, il lui demande :

– Souhaitez-vous qu'il soit enterré dans un caveau ou dans une fosse ?

– Je ne sais pas. J'hésite. Si je l'enterre dans une fosse, vous n'avez pas peur que cela inonde ? Mon mari ne sait pas nager.

À la mise en bière d'un homme sorti récemment de prison, il n'y a qu'une seule personne : son père.

Après quelques instants de recueillement, l'employé des pompes funèbres déclare :

– Je crois qu'il est temps de fermer le cercueil, monsieur.

– Ah non, alors ! Maintenant qu'il est libre, vous n'allez pas le renfermer !

†

À la messe d'inhumation d'une vieille dame, l'église est bondée, mais le silence règne. Seules les paroles du prêtre traversent l'édifice de part en part.

– Caroline est entrée dans la vie éternelle, dit-il.

Une petite fille, placée au premier rang, et qui écoutait religieusement le curé, réagit :

– Maman, pourquoi le curé dit que mémé est entrée dans la vie éternelle, alors qu'elle est morte ? Il ne le sait pas, qu'elle est morte ?

†

Un homme d'une cinquantaine d'années est mort chez lui, foudroyé par une crise cardiaque.

Complètement paniquée, sa femme appelle les pompes funèbres et demande à ce qu'un employé vienne chez elle.

Trente minutes plus tard, un agent funéraire frappe à la porte. La veuve lui ouvre. Elle n'est pas seule. Sa fille et son gendre viennent d'arriver. Pas question de laisser la femme endeuillée seule avec le mort.

Il est déjà tard lorsque tous les détails des obsèques sont réglés. Alors la fille demande à sa mère :

– Tu veux que je reste pour le veiller cette nuit, maman ?

– Pas la peine ! Ton père est veilleur de nuit.

†

Un calme lourd et pesant règne à l'intérieur de l'église. Une foule immense s'est déplacée pour assister aux obsèques de ce jeune de 17 ans, écrasé par un chauffard. Des jeunes, beaucoup de jeunes sont venus rendre un dernier hommage à Benoît, qu'ils ne reverront plus.

De temps en temps, un cri de douleur déchire l'atmosphère puis un silence de plomb retombe et accompagne la bénédiction, en même temps que la musique préférée de Benoît, mise en sourdine.

Le goupillon passe de main en main pour bénir le cercueil. Soudain, un homme prend le goupillon que lui tend une dame, commence à faire le signe de croix mais, au moment de le rabaisser, l'assistance entend : « Ting, ting, ting, ting... tingtingting... » La boule du goupillon s'est dévissée et échappée ! L'homme est, alors, en plein désarroi, mais le maître de cérémonie suit la boule, essayant, en vain, de la rattraper, jusqu'à sa complète immobilisation, juste sous la soutane du curé !

†

Martine choisit un monument funéraire pour son défunt mari. Elle vient de définir les prestations qu'elle souhaitait pour ses obsèques avec l'employé des pompes funèbres et c'est la dernière étape de ses démarches.
Elle s'arrête rapidement sur un monument sobre et demande :
– J'aimerais faire graver quelque chose dessus. C'est possible ?
– Oui, madame.
– Dans ce cas, inscrivez : « Avec toi, la vie était un enfer. Sans toi, elle sera un paradis. Dieu est juste. Il fera maintenant de ta vie un enfer. »

†

Marie est décédée suite à la canicule. Alors qu'il faisait une chaleur torride, elle avait entrepris, néanmoins, de faire son footing quotidien, mais une crise cardiaque l'a terrassée.
Dans le bureau des pompes funèbres, son mari, accablé de chagrin, fait les démarches nécessaires pour l'inhumation.
Après avoir choisi un magnifique cercueil – rien n'est trop beau pour sa chère épouse –, il tend un sac à l'employé funéraire.
– Voilà ! dit-il. J'ai apporté une tenue d'été pour l'enterrer. Par des chaleurs pareilles, je ne voudrais pas qu'elle ait trop chaud. Qu'en pensez-vous ?
– C'est une excellente idée.
– Oui, mais j'ai un problème : en hiver, elle risque d'avoir froid.

†

Cinq personnes viennent d'entrer dans une agence funéraire. L'une d'elles lance d'emblée :

– **Notre père ne va pas tarder à mourir. Vous pourriez nous montrer vos boîtes, s'il vous plaît ?**

– **Nos urnes, vous voulez dire ?**

– **Non, non, vos boîtes en bois (comprendre « cercueils »).**

Le curé dit la messe d'inhumation
de Victor, un ancien agriculteur,
bien connu des villageois.
Alors bon nombre d'entre eux se sont
déplacés pour saluer sa mémoire.
La célébration funèbre touche à sa fin
et un enfant de chœur tend l'encensoir
au prêtre. Celui-ci s'en saisit et le balance
autour du cercueil pour répandre l'encens.
À ce moment-là, un petit garçon
à la voix fluette, placé au premier rang,
demande à sa mère :
– Pourquoi il nous enfume, le curé ?

†

À la messe d'inhumation de Luc, le prêtre dit :
– Dieu a rappelé Luc auprès de lui...
– Oui, dit la veuve à sa voisine, eh bien, cette fois, il ne pourra plus se prendre pour Dieu.

†

Bertrand a été tué dans un accident d'avion. Le petit coucou qu'il pilotait a subitement décroché et s'est écrasé au sol.

À la mise en bière, il y a foule. Le silence est pesant. Personne n'ose parler. Néanmoins, tout à coup, la jeune veuve lance :

– Dire qu'il est tombé du ciel et qu'il va y retourner !

†

Au moment de choisir un cercueil pour son mari, une femme hésite :

– Vous n'avez que des modèles d'une place ?

– Oui.

– Dans ce cas, je n'en veux aucun. Mon mari n'a jamais dormi seul. Il hait cela !

†

Un agent funéraire se rend au cimetière
pour repérer une sépulture qu'il doit ouvrir.
Alors qu'il la trouve enfin, une femme, qui se
recueillait sur une tombe voisine, s'approche
de lui et lui demande :
– Vous pensez qu'il va bien, mon mari ?
– Oui.
– Comment puis-je en être sûre ?

†

Un homme entre dans une agence funéraire.

– Bonjour, dit-il à l'employé qui l'accueille. Je viens pour l'enterrement de mon père.

– Je suis sincèrement désolé, monsieur.

– Oh ! Ne le soyez pas, monsieur ! Il m'a fait ch... toute sa vie !

†

À la mise en bière d'Armand, sa veuve pleure.
Alors sa fille lui demande sèchement :
– Pourquoi pleures-tu ?
– Mais enfin ! Ton père vient de mourir !
– Il faut toujours que tu pleures
pour un rien, toi !

†

Un homme discute de l'organisation de l'inhumation de sa femme avec un agent funéraire. Comme elle est décédée à l'hôpital, elle est en chemise de nuit. L'employé des pompes funèbres demande alors :

– Souhaitez-vous apporter une nouvelle tenue pour l'inhumer ?

– Ah non ! Dieu l'a prise en chemise de nuit. Si je lui change de tenue, il risque de ne pas la reconnaître !

†

Après avoir béni le défunt, l'assistance, venue nombreuse, s'apprête à signer le registre de condoléances. Pour évacuer la foule plus rapidement, trois registres de deux feuillets chacun sont disposés sur trois tables différentes et prêts à recevoir les messages de sympathie. Les pages se remplissent vite et elles sont aussitôt remplacées par des feuilles vierges. Tout à coup, une jeune femme signe l'un des registres, sur les deux feuilles, et se place dans la file du deuxième registre pour signer les deux feuilles, avant de réitérer l'opération pour le troisième registre !

†

Après avoir mis au point l'organisation des funérailles d'Arthur, l'agent des pompes funèbres demande :

– Souhaitez-vous régler comptant, monsieur ?

– Comment voulez-vous que je sois content ? rétorque le fils du défunt, choqué par la question. Je viens de perdre mon père !

†

Un homme entre dans une agence funéraire et dit :
– Bonjour. Je viens pour une animation
(comprendre « inhumation »).

†

À la mise en bière d'un vieil homme, toute la famille est réunie. Rendre un dernier hommage à ce vieillard est un dû, lui qui a toujours su se montrer gentil et généreux avec tous.

Après un moment de silence, une première personne félicite le travail des pompes funèbres sur la présentation du corps. Alors chacun y va de son petit commentaire. Après un certain temps, une petite fille, stupéfaite de l'attitude des adultes, lance :

– Chut ! Vous allez réveiller pépé !

†

Malgré la neige, nombreux sont ceux qui sont venus aux obsèques de ce vieil homme, connu de tous.

Au moment de bénir le corps, une dame se saisit du goupillon que lui tend un homme, le regarde longuement, le tourne dans tous les sens puis, ne sachant quoi en faire, se dirige vers le maître de cérémonie, le lui montre et lui demande :

– C'est pour quoi faire ?

À la fin de la messe d'inhumation de Sylvain, le garde champêtre du village, les gens sortent de l'église et signent le registre de condoléances au passage. Un employé des pompes funèbres se tient près du registre pour tourner les pages lorsqu'elles sont remplies. Alors, de temps en temps, pour se distraire, il jette un œil discret sur ce que les personnes écrivent et, soudainement, il lit : « Ce fut une belle cérémonie. »

†

À la mise en bière de Grégoire, il y a cinq personnes, la veuve, ses fils et leur conjointe. Après avoir récité le « Notre Père », chacun prie en silence. Puis, le moment venu, les employés des pompes funèbres s'apprêtent à refermer le cercueil. Alors, avant de boulonner le couvercle, l'un d'eux rabat le capiton sur le visage du défunt. À ce moment-là, effarée, la veuve s'écrie :

– Ah non ! Mon mari a horreur d'avoir la tête sous les couvertures !

†

À la mise en bière de Stéphane, un mafieux de 43 ans, il y a du monde. En plus de sa famille, il y a d'autres mafieux. On les distingue facilement. On ne se frotterait pas à eux. Après le recueillement de convention, un homme lance :

– Il a tué toutes les personnes qui le gênaient. Alors, moi, je suis tranquille. S'il rencontre le diable, il le tuera aussi et, comme cela, nous irons tous au paradis.

†

Un homme entre dans une agence de pompes funèbres, totalement bouleversé. Sa femme vient de décéder d'un cancer et, depuis une semaine, il dormait dans sa chambre, à l'hôpital. Il voulait profiter d'elle jusqu'au bout.

Aujourd'hui, accablé de chagrin, il veut ce qu'il y a de mieux pour sa tendre épouse.

L'employé funéraire lui propose donc les meilleures prestations, qu'il accepte sans hésiter.

À la fin de l'entretien, l'homme demande :

– J'aurais une faveur à vous demander, monsieur.

– Bien sûr, si je puis vous être utile.

– Eh bien… voilà ! Comme je vous le disais tout à l'heure, dans les derniers jours de vie de ma femme, je partageais sa chambre, à l'hôpital. Alors, maintenant, j'aimerais beaucoup partager sa chambre funéraire. C'est possible ?

†

Après l'inhumation de Roland, alors que les gens quittent peu à peu le cimetière, la veuve s'approche du maître de cérémonie et lui demande :

– Puis-je récupérer le cahier de doléances, s'il vous plaît (comprendre « registre de condoléances ») ?

†

Marcello est mort et c'est toute la famille qui arrive aux pompes funèbres pour l'organisation de ses obsèques. Pas question de faire n'importe quoi ! Alors pas facile non plus de mettre toute la famille d'accord sur les prestations. Alors qu'il progresse lentement à cause des discordances familiales, l'agent funéraire demande :

– À quelle heure souhaitez-vous l'inhumation, messieurs dames ?

– Dix heures me paraît convenable, avance quelqu'un.

– Ah non ! réagit spontanément sa veuve. Marcello ne faisait jamais rien avant 15 heures, à part sa sieste. Alors respectons ses habitudes.

†

C'est l'heure de la mise en bière de Vincent, un homme âgé mort de vieillesse.

Toute la famille arrive, ponctuelle. Les prières de circonstance terminées, une minute de silence est respectée pour que chacun puisse se recueillir en toute sérénité. Puis, sur le signe du maître de cérémonie, les porteurs s'apprêtent à fermer le cercueil.

Les voyant s'approcher avec le couvercle, la veuve s'écrie :

– Attendez !

Alors ils suspendent leur geste, attendant la suite.

Pendant ce temps, la femme ouvre son sac à main et en extirpe deux paires de menottes. Puis, devant le regard éberlué de l'assemblée, elle soulève le drap mortuaire, desserre avec beaucoup de mal les mains jointes du défunt, le menotte et fait de même avec ses pieds.

À ce moment-là, de plus en plus surpris, l'un de ses fils lui demande :

– Mais enfin, maman, qu'est-ce que tu fais ?

– Je menotte ton père. Cela ne se voit pas ?

– Oui, mais pourquoi ?

– Pour lui éviter de venir me hanter la nuit !

†

À la fin de la messe d'inhumation de Berthe, un homme écrit : « Repose en paix » sur le registre de condoléances. La dame qui le suit lit le message et commente :
– Ça, c'est sûr ! Maintenant qu'elle dort seule, elle va pouvoir se reposer en paix ! Elle ne va plus entendre son ronfleur de mari !

†

La femme énergique que l'employé des pompes funèbres reçoit pour organiser l'inhumation de son mari n'a pas la langue dans sa poche. Après avoir longuement parlé de son époux, décédé ce jour, elle passe à ses enfants puis à son enfance malheureuse dans le Gers. L'employé, très patient, se demande s'il va réussir à placer un mot pour faire avancer son dossier. Alors, de temps en temps, il commence une phrase, très vite coupée par un autre flot de paroles de la dame. À un moment, elle ajoute :

– Je savais bien qu'il ne fallait pas croire les horoscopes ! Aujourd'hui, celui de mon mari lui prédisait qu'il allait retrouver d'anciennes connaissances !

†

Après le décès de Sylvain, sa femme vient à l'agence funéraire la plus proche de son domicile pour la préparation des obsèques. Elle arrive avec sa fille d'environ 6 ans.

À peine entrée dans l'agence, l'enfant demande à sa mère :

– Il est où, papa ?

– Tu ne te souviens pas ? Je t'ai dit qu'il était parti pour un long voyage.

– Quand est-ce qu'il revient ?

– Bonjour, monsieur, dit poliment une jeune femme à l'employé des pompes funèbres qui la reçoit. Pouvez-vous me dire combien coûte le vaccin, s'il vous plaît ?

– De quel vaccin parlez-vous, madame ? rétorque l'assistant funéraire. Vous voulez parler des soins de conservation ?

– Non, répond la jeune femme. Vous savez, ce qu'on paie au commissaire de police lorsque le cercueil change de commune.

– Ah, oui ! Je vois ! Vous voulez parler de la vacation de police.

L'assistant funéraire introduit la famille dans son bureau. La veille, au matin, c'est lui qui a dirigé la cérémonie funèbre, dans le petit village de campagne.

La famille prend le temps de s'asseoir puis la jeune femme tend le registre à signatures à l'employé des pompes funèbres et lui demande :

– Pourquoi des gens ont-ils mis leurs nom et adresse là-dedans ?

†

– Bonjour, monsieur, dit l'homme qui pénètre dans l'agence de pompes funèbres. Vous vendez du cirage noir ?

†

La famille est réunie autour d'un employé des pompes funèbres pour préparer les obsèques de Christian. Lorsque l'agent funéraire propose un texte de faire-part, la veuve insiste :
– Inscrivez : « Pas de fleurs. »
Étonnée, l'une des filles demande :
– Pourquoi ne veux-tu pas que nous lui apportions des fleurs ?
– Parce qu'il ne m'en a jamais offert !

†

Dans ce petit village normand, le curé porte une soutane et une calotte noires. Son allure atypique nous fait immédiatement penser à Don Camillo, d'autant plus qu'il en a la silhouette. De plus, dès qu'il le peut, il s'entoure de ses enfants de chœur.

Aujourd'hui, malgré la violente tempête qui souffle sur la région, il faut enterrer Mireille et tous les enfants de chœur sont là. Alors, à la fin de la messe, l'un d'eux se saisit de la croix, qu'il porte particulièrement fièrement, et les autres enfants de chœur le suivent devant le prêtre.

Le cimetière étant à quelques dizaines de mètres de l'église, une procession à pied a lieu. Tout le monde avance donc doucement, la tête recourbée pour éviter les coups de vent.

Soudain, l'un d'eux fait s'envoler la calotte du curé, qui ne peut s'empêcher de crier :

– Ma calotte ! tout en tentant, en vain, de la rattraper.

Celle-ci, après quelques mètres dans le vent, finit cependant sa course, mais pour se positionner... sur le haut de la croix que porte l'enfant de chœur !

†

Une petite femme frêle pousse la porte des pompes funèbres. Cette fois, elle a bien réfléchi : il faut absolument qu'elle règle ses obsèques d'avance. Après tout, on ne sait jamais : avec ses trois enfants qui ne s'entendent pas...

L'employé funéraire la reçoit très cordialement et lui explique les avantages de sa décision dans une telle situation. Puis, après avoir rempli les principales formalités, il l'emmène dans la salle d'exposition des cercueils, afin qu'elle puisse choisir celui dans lequel elle voudrait être enterrée. La vieille dame, à l'intérieur de cette salle, hésite un moment :

– Êtes-vous sûr que vos cercueils sont suffisamment solides ?

Puis, après un moment de silence, elle poursuit :

– Il y a autre chose qui me tracasse : je voudrais être enterrée en chemise de nuit. Comment puis-je en être sûre ?

– Nous allons le préciser dans le contrat, madame. Ne vous inquiétez pas.

– Oh ! merci, monsieur ! Je suis si contente que ce soit réglé ! Vous comprenez, il vaut mieux être à l'aise pour dormir aussi longtemps !

†

L'agent funéraire arrive au domicile de Jocelyne, dont le mari est décédé subitement trois heures plus tôt. Il vient pour régler l'organisation de ses funérailles.

La veuve l'accueille en larmes et l'invite d'emblée à venir voir son époux.

Lorsqu'elle ouvre la porte de la chambre conjugale, l'employé funéraire est surpris de constater que, au pied du lit où gît Philippe, la télévision est allumée, le son très fort. L'émission « Questions pour un champion » est en train de passer.

Alors que la veuve voit le regard de l'employé funéraire se diriger vers le téléviseur, elle explique :

– Mon mari ne rate jamais « Questions pour un champion ». Cela le distrait. Et, comme il est un peu sourd, je suis bien obligée de monter le son.

Un agent des pompes funèbres décroche le téléphone qui vient de sonner. Une voix masculine lui dit :

– Allô ! Je voudrais acheter un trou.

Le prêtre s'apprête à encenser le corps de Marie, décédée d'une longue maladie à 39 ans. Il se saisit de l'encensoir, l'allume et s'approche du cercueil. Lorsqu'il est face à lui, il lève l'encensoir et prononce :

– Par respect pour Marie, je lui présente l'enfant… euh… (il devient écarlate) l'encens.

†

Lors de l'inhumation de Marc, il y a beaucoup de monde. En tant que facteur, famille, clients et collègues se sont déplacés. Il était aimé. Non seulement cela se voit, mais cela se ressent. Beaucoup pleurent. À la fin de la messe, les gens traversent l'église pour sortir et signer le registre de condoléances. Tous veulent laisser un petit message. Soudain, un homme inscrit :

« As-tu pensé à faire ton changement d'adresse ? Valentin, ton collègue. »

†

À l'inhumation de Jean, il fait un temps exécrable. La pluie ne cesse de tomber à verse et, à la sortie de la messe, un orage épouvantable se met à gronder. Les gouttes sont de plus en plus grosses lorsqu'on descend le cercueil dans la fosse. Alors les personnes présentes ne s'attardent pas au pied de la tombe.

Tout à coup, la terre s'effondre sur le cercueil. Aussitôt, sa veuve lance :

– C'est bien Jean, cela ! Toujours pressé, même d'être enseveli !

†

L'équipe des pompes funèbres est réunie dans ce grand cimetière urbain, afin de procéder à l'exhumation d'un corps.

Après avoir effectué l'opération, les porteurs transportent le cercueil dans le corbillard.

Soudain, en passant devant une tombe, l'un d'eux, étonné, lance :

– Vous avez vu la sépulture qu'on vient de passer ?

– Non. Qu'est-ce qu'elle a ?

– Eh bien ! Regardez ! Le mari a planté des pieds de tomate dans la jardinière !

†

Une famille entre dans une agence funéraire. Visiblement, elle semble très peu cultivée. D'emblée, un homme demande :

– Bonjour. Nous sommes bien aux pompes funèbres, ici ?

– Oui, monsieur, répond l'employé qui les reçoit. Que puis-je faire pour votre service ?

– Je ne sais pas. Nous sommes perdus. Ma femme vient de mourir et le médecin nous a dit de venir vous voir.

– Oui, tout à fait. Votre médecin a raison : nous allons nous occuper de l'inhumation de votre épouse.

– Oui, mais voilà : nous, nous ne voulons pas.

– C'est tout à fait votre choix, monsieur. Vous êtes libre d'aller voir un concurrent.

– Non, ce n'est pas ce que je voulais dire. Je voulais dire que nous ne voulions pas avoir affaire aux pompes funèbres.

– Ah ! Là, je crains que vous n'ayez pas le choix. L'intervention d'une agence funéraire pour inhumer un défunt est obligatoire.

– Oui, c'est ce que nous craignions.

– Mais, si je puis me permettre, pourquoi ne voulez-vous pas confier cette tâche aux pompes funèbres ?

– À cause des cannibales.

– Des cannibales ? Quels cannibales ?

– Eh bien ! Vous savez, les croque-morts ! Je n'ai pas envie qu'ils mangent ma femme !

†

Au cimetière, alors que les porteurs descendent le cercueil d'une femme d'une quarantaine d'années dans le caveau, un jeune garçon demande :
– Maman, pourquoi on met tata dans le trou, alors que le curé a dit que Dieu allait l'accueillir dans son royaume ? Il n'en veut plus ?

†

L'agent funéraire arrive au domicile d'une femme décédée. Son mari le reçoit poliment et l'emmène tout de suite voir sa défunte épouse, allongée sur le lit conjugal. L'homme demande :

– Vous pourriez me vendre du baume chinois ?

– Euh... Je suis désolé, mais nous n'en vendons pas. Vous en trouverez en pharmacie.

– Ah... fait l'homme, dubitatif. Pourtant, je croyais que vous vendiez de tout pour les morts.

– Pour les morts, oui, pour les vivants, non.

– Mais je voudrais du baume chinois pour l'embaumer...

†

En pénétrant dans le magasin de pompes funèbres, une femme d'une cinquantaine d'années s'adresse à l'assistant funéraire qui s'y trouve :
– S'il vous plaît, monsieur, je voudrais une plaque funéraire pour une collection.
– Pour une collecte, vous voulez dire ? C'est bien cela, madame ? reprend adroitement l'employé.
– Oui ! C'est cela ! Pour une collecte !

†

Une septuagénaire entre dans une agence de pompes funèbres pour organiser les funérailles de son époux. L'agent funéraire qui la reçoit lui demande les papiers nécessaires à l'inhumation et la dame ouvre son sac pour les prendre.

– Voilà ! lance-t-elle en les lui tendant. Je vous ai même apporté son testament.

†

L'employé des pompes funèbres, qui surveille le bon déroulement des condoléances sur registre, sourit lorsqu'il lit : « Sincères convalescences. »

†

À la mise en bière de Paul, la famille proche se recueille dans un silence de plomb. Chacun retient ses larmes mais, de temps en temps, elles finissent par couler tant l'émotion est forte.

Après un long moment, il est pourtant temps de fermer le cercueil et, avec l'aval de la famille, un employé des pompes funèbres apporte le couvercle.

Alors qu'avec l'aide d'un collègue il le pose délicatement sur le cercueil, la veuve se lance vers eux, retient le couvercle et crie :

– Non ! Ne fermez pas ! Mon mari va s'asphyxier là-dedans !

Une femme entre dans une agence funéraire. Elle est immédiatement reçue par un employé. La femme explique que son mari était bijoutier et très estimé, alors elle veut tout ce qu'il y a de mieux. Visiblement, pour cette femme, l'apparat compte énormément.

Après avoir réglé le dossier, l'employé funéraire demande :

– Comment souhaitez-vous régler, madame ?

– Rubis sur l'ongle.

Marcel est mort dans une bagarre, sous les yeux de sa femme. Ils étaient dans un café lorsqu'un homme est entré et lui a réclamé son dû.

Marcel, déjà bien enivré et sans le sou, n'a pu s'acquitter de sa dette. Alors ce dernier a sorti un couteau à cran d'arrêt et une bagarre s'en est suivie. Après quelques minutes, l'homme a entaillé la joue de Marcel, avant de lui planter le couteau dans le cœur.

Quelques jours plus tard, la veuve arrive seule à la mise en bière. Qui pourrait venir rendre un dernier hommage à ce voyou sans cesse saoul ?

Lorsqu'elle arrive près du cercueil, la dame s'écrie :

– Mais ce n'est pas mon mari !

Les quatre employés des pompes funèbres présents se regardent, stupéfaits, puis se tournent vers le maître de cérémonie, qui demande :

– Vous en êtes sûre, madame ?

– Évidemment que j'en suis sûre ! Quand il est mort, il avait une trace de sang sur la joue !

†

Après avoir réglé les détails de l'inhumation de sa femme, l'employé des pompes funèbres demande au mari :
– Devons-nous prévoir un caveau pour deux personnes, monsieur ?
– Ah non ! rétorque l'homme. Lorsque nous nous sommes mariés, le prêtre a été très clair, il a dit : « Jusqu'à ce que la mort vous sépare. »

†

Alors qu'il est au domicile d'une défunte, l'agent funéraire jette un œil à la chambre pour organiser la mise en bière. Tout à coup, après un moment de silence, le mari demande :

– Est-ce que le visagiste peut venir ?

À la mise en bière d'une femme de 73 ans, toute la famille est réunie. C'était une grand-mère aimée et ses petits-enfants sont donc tous présents pour lui rendre un dernier hommage.
Le mari de la défunte, pensant aux plus jeunes, dit alors :
– Une nouvelle étoile va naître.
– Alors toutes les étoiles qui sont dans le ciel sont des morts, papy ?

Un agent funéraire est appelé au domicile d'un défunt. Très vite, sa veuve lui dit qu'elle veut le faire incinérer. Alors l'employé des pompes funèbres lui montre la photo du cercueil en pin dans lequel il sera. La veuve réagit aussitôt, de façon épidermique :
– Pourquoi voulez-vous le mettre dans un cercueil ? C'est plutôt une urne qu'il lui faut !

†

Un employé des pompes funèbres est appelé au domicile d'un homme décédé d'un accident vasculaire cérébral.

À peine arrivé, sa veuve l'entraîne dans la chambre conjugale, devenue mortuaire pour quelques jours.

L'agent funéraire prend mentalement note de la disposition des meubles pour pouvoir organiser la mise en bière dans les meilleures conditions possibles puis quitte la pièce.

La veuve le fait asseoir à la table de la salle à manger où, selon elle, il a plus de place pour remplir son dossier. Elle répond poliment à chaque question, ajoutant un commentaire personnel lorsque l'envie lui en prend.

Après quelques minutes d'entretien, l'employé des pompes funèbres demande :

– Souhaitez-vous que nous lui fassions les soins de conservation, madame ?

– Non, ce n'est pas la peine ; je les ferai moi-même.

†

À l'inhumation de Gaston, il y a moyennement du monde. La messe finie, chacun va bénir le cercueil puis sort de l'église, non sans avoir écrit un mot de sympathie dans le registre de condoléances au passage. Soudain, un homme prend le stylo et écrit : « Adiable, Gaston ! » (Par opposition à « adieu ».)

†

David est décédé le 23 décembre. Le lendemain, sa veuve se rend au funérarium pour voir son mari. Elle entre dans la chambre funéraire, un paquet à la main, et jette à l'employé funéraire :

– Tenez ! Vous lui donnerez ce soir, sinon, il va l'ouvrir trop tôt.

†

À la mise en bière de Valentin, une dizaine de personnes entourent le cercueil et prient. Soudain, la porte du salon funéraire s'ouvre et une femme entre. Toutes les têtes se tournent vers elle, mais personne ne bouge. La veuve questionne :

– Bonjour. Vous êtes ?

– Je suis sa maîtresse.

– Oh ! Je vais le tuer ! crie la veuve à l'attention de son mari.

†

**À la mise en bière de Christian,
le commissaire est là. Il doit apposer
les scellés sur le cercueil pour
qu'il puisse sortir de la commune.
Au moment d'accomplir cette action,
la veuve lui dit :
– Je ne crois pas que cela soit nécessaire.
Il ne va pas s'en aller.**

†

Un employé des pompes funèbres reçoit une femme, dont le mari vient de décéder. Il demande :

– Souhaitez-vous une inhumation ou une incinération ?

– Oh ! Sans hésiter, une incinération. Cela lui rappellera quand il faisait les barbecues.

†

Le cercueil de Jean est apporté à sa tombe, trou béant parmi de nombreuses tombes délabrées. Lorsque le cercueil est posé au-dessus de sa tombe, le prêtre récite une dernière prière et, avant de bénir le cercueil, dit :

– Le Seigneur accueille Jean en sa dernière demeure.

À ce moment-là, la croix toute rouillée de la tombe d'à côté tombe et quelqu'un, s'en apercevant, lâche :

– Ah ! Je crois qu'il n'est pas d'accord !

†

Julien a été abattu en pleine rue à 22 ans. Un règlement de comptes entre dealers l'a envoyé *ad patres*. Alors, tristes mais honteux de ce qu'était devenu leur fils, ses parents arrivent aux pompes funèbres. L'employé qui les reçoit a droit au récit détaillé de la vie de Julien jusqu'à sa mort. Puis, à la fin, le père ajoute :
– Pourvu qu'il ne propose pas de drogue à Dieu !

†

Jeanne arrive à l'heure à la mise en bière de son époux. Elle s'extasie sur le travail remarquable qu'ont réalisé les pompes funèbres pour présenter son mari aussi bien dans son cercueil puis, sans perdre une minute, elle extirpe un appareil photo Polaroid d'un sac en plastique, photographie son mari, attend quelques minutes que la photo soit développée en la secouant sans arrêt, la contemple et, satisfaite, la montre à son époux en disant :

– Regarde comme tu es beau !... Tiens ! Je te la donne, continue-t-elle en plaçant la photographie dans le cercueil. Comme cela, tu auras un souvenir de toi, mort.

†

L'agent des pompes funèbres est satisfait : l'entretien en vue des obsèques de Jules qu'il vient d'avoir avec sa veuve s'est bien passé. Dépassée par les événements, cette frêle dame s'est laissé guider pour arriver, au final, à une organisation bien ficelée. Toutefois, alors qu'elle se lève pour quitter l'agence, elle demande timidement :
– Je peux voir vos tortillards (comprendre « corbillards ») ?

À la mise en bière de Bertrand, un vieillard qui doit se faire incinérer, sa veuve est accompagnée d'une amie. Les deux femmes pénètrent dans le salon funéraire, au moment où un employé des pompes funèbres veut allumer les cierges. À cet instant, un autre employé arrive avec un superbe coussin de roses rouges, que vient de livrer un fleuriste. Le premier employé en profite alors pour s'adresser à son collègue :

– Tu n'aurais pas un briquet ou des allumettes pour allumer les cierges, s'il te plaît ?

Ayant mal entendu, la veuve demande à son amie :

– Qu'est-ce qu'il dit ?

– Il demande à son collègue un briquet ou des allumettes.

Alors, effrayée par cette réponse, la vieille femme se tourne vers l'employé et lui demande :

– Dites, monsieur, vous n'allez pas me le brûler là, hein ?

†

Dans cette agence, les bureaux des pompes funèbres se situent au-dessus du magasin. Lorsqu'un client pénètre à l'intérieur, le fait d'ouvrir et de fermer la porte déclenche une sonnette qui avertit la vendeuse. Toutefois, en l'absence de celle-ci, les clients peuvent appuyer sur une sonnette, qui retentit à l'étage.

Ce soir-là, les employés sont en réunion jusqu'à plus de 20 heures, heure à laquelle le magasin est censé être fermé et non éclairé.

Après la réunion, l'un des employés s'attarde pour terminer un feuillet souvenir (feuillet regroupant des textes, choisis par la famille, pour personnaliser une cérémonie civile), lorsqu'il entend la porte du magasin retentir. Cependant, se croyant seul, et n'entendant pas la sonnerie, il continue son travail pendant encore une dizaine de minutes. Puis, satisfait de sa réalisation, il quitte le bureau.

En arrivant en bas de l'escalier qui donne directement dans le magasin, il est toutefois surpris par la présence de trois clients occupés à choisir une plaque funéraire dans le noir ! Il demande alors :

– Bonsoir. Puis-je vous être utile ?

– Oui. Nous cherchons une plaque.

– Et cela ne vous surprend pas de vous retrouver dans le noir ?

– Non. Pourquoi voulez-vous que nous soyons surpris ? rétorque l'un d'eux. Ne sommes-nous pas aux pompes funèbres ?

– Nous trouvions le fait d'être dans le noir tout à fait normal, surenchérit la femme. Nous pensions que vous vouliez créer volontairement une ambiance funéraire.

†

Une famille se recueille
devant le corps d'un vieil homme.
La fille du défunt dit soudainement :
– Cette fois, il est parti
pour son dernier voyage.
– Pourquoi ? Il ne voyagera plus, papy ?
demande un petit garçon, étonné.

†

Une femme appelle l'agence funéraire pour qu'un employé vienne chez elle. Son mari est décédé la veille, peu avant minuit, et elle n'a aucun moyen de locomotion.

L'employé des pompes funèbres arrive donc chez la veuve peu après l'appel. Celle-ci l'emmène dans la chambre conjugale, où repose son mari, et dit :

– Je ne comprends pas, d'habitude, mon mari a toujours du mal à dormir à la pleine lune.

†

Un couple et ses deux enfants, une fille et un fils, arrivent dans une agence de pompes funèbres. L'allure gothique des adolescents contraste avec celle des parents, plus classique.

Après avoir expliqué qu'ils venaient pour l'inhumation de leur autre fille, décédée d'une overdose, l'agent funéraire les reçoit dans un petit salon.

L'employé monte le dossier puis emmène la famille dans la salle d'exposition des cercueils.

Les parents, bouleversés par le décès de leur enfant, choisissent un beau cercueil en chêne.

– Mettez-nous celui-ci, dit la femme en en désignant un du doigt.

– Écoute, maman, lui lance son fils, cela ne sert à rien de lui acheter un beau cercueil. Tu connaissais Patricia et tu connaissais ses goûts. Tu sais très bien que, avec son allure punk, elle aurait voulu un cercueil qui flashe, pas ce fade cercueil en chêne.

– Mais tu vois bien qu'il n'y a que des cercueils classiques.

– Oui, je vois, mais l'idée est de lui acheter un cercueil bas de gamme et de le peindre en rouge. Je suis sûr que c'est ce qu'elle aurait voulu.

– C'est vrai. Tu as raison, déclare la mère. Faisons donc au mieux pour la contenter.

Puis, se tournant vers l'employé funéraire, elle ajoute :

– Alors mettez celui-là, dit-elle en désignant le cercueil en pin. Nous vous apporterons la peinture et vous le peindrez.

– Euh... continue le fils. Il y a autre chose. La croix est vendue avec le cercueil ?

– Oui, monsieur.

– Dans ce cas, vous l'enlèverez et je dessinerai une tête de mort à la place.

†

Charles est décédé chez lui. Il était âgé et malade. Sa veuve tient absolument à ce qu'il reste à son domicile jusqu'à l'inhumation. Alors, toujours selon ses vœux, les employés des pompes funèbres apportent deux cierges, une croix et un bénitier le lendemain du décès pour qu'il puisse reposer en paix, dans une ambiance de circonstance. Ainsi, la veuve pourra bénir son mari quand bon lui semblera.

Il fait déjà nuit à 17 h 30 lorsque les agents funéraires installent leur matériel. Lorsque tout est placé, l'un d'eux sort son briquet et allume les cierges. Une fois fait, les employés funéraires s'apprêtent à quitter la pièce et la veuve éteint la lumière. Soudain, elle voit les cierges allumés et demande :

– Pourquoi laissez-vous les cierges allumés ? Il dort.

†

La femme qui arrive au funérarium vient pour la mise en bière de son mari. Elle est très vite introduite dans le salon funéraire où son mari repose et précise aux employés qu'elle attend ses enfants.

Elle avance jusqu'au cercueil, se signe et ouvre son sac, d'où elle sort un livre, et demande à l'un des employés :

– J'ai acheté ce livre sur la mort, ce matin. Vous pourriez le mettre dans le cercueil pour que mon mari sache ce qui l'attend ?

†

Au moment où prend fin le service funéraire d'une dame âgée, un violent orage éclate, avec une kyrielle d'éclairs et de coups de tonnerre.

Une fois le calme revenu, le mari dit au prêtre, encore tout secoué :

– Pas de doute, c'est le signe qu'elle est bien arrivée là-haut !

†

Un homme d'une cinquantaine d'années pénètre dans une agence funéraire. Sa jeune épouse est décédée d'un cancer.

Il répond docilement aux questions que lui pose l'employé des pompes funèbres mais, tout à coup, il dit :

– J'espère qu'elle ne va pas me tromper, là-haut. Elle en profiterait bien que je ne sois pas là !

†

Après avoir réglé les funérailles de sa femme et choisi le monument funéraire, un vieil homme dit :

– Maintenant, j'aimerais mettre une plaque sur sa tombe.

– Oui. Vous en avez choisi une ?

– Oh ! Mettez celle-ci, la moins chère, cela ira très bien.

– Comme vous voulez.

– Et mettez l'inscription : « À mon épouse détestée. »

– Je regrette, monsieur, mais nous n'avons pas ce genre d'inscription.

– Dans ce cas, je ne prends pas la plaque. Vous inscrirez : « À mon épouse détestée » sur le monument.

†

À la mi-journée, les employés des pompes funèbres se rendent au domicile de Christiane pour apporter les objets religieux habituels à l'exposition du corps de son défunt mari.

Dès qu'elle aperçoit le fourgon mortuaire pénétrer dans son jardin, la veuve vient au-devant de lui et montre au conducteur où il peut se garer.

Quelques minutes plus tard, chaque employé transporte cierges, eau bénite, Christ, etc., à l'intérieur de la maison et les dispose à leur place.

Après avoir terminé, ils invitent la veuve à venir voir ce qu'ils ont fait. Celle-ci les suit donc dans la chambre et, après avoir examiné la pièce, lance :

– Oh ! Remportez votre Christ. Mon mari a tellement de choses à se faire pardonner que tous deux risquent de bavarder toute la nuit. Mais, moi, je tiens à dormir !

†

Un employé funéraire reçoit une femme pour organiser les funérailles de son époux. Il lui pose les questions nécessaires à la cérémonie funèbre et elle répond mécaniquement. Cependant, à un moment, elle demande :

– Vous croyez que mon mari va rencontrer Dieu ?

– Oui.

– Oh ! Alors il faut que je lui achète un beau costume, une chemise blanche et une cravate. Il ne peut tout de même pas se présenter devant lui en jean !

†

L'agent des pompes funèbres, qui tient le registre de condoléances à l'inhumation de Marc, est soudainement surpris de lire ce que vient d'écrire un monsieur :
« Ta femme va enfin être tranquille. »

Outrée par ce qu'elle vient d'entendre à la messe d'inhumation de son grand-père, une petite fille lance :
– Maman ! Le curé s'est trompé ! Pépé ne peut pas devenir poussière puisqu'il va brûler. Il sera de la cendre !

†

Un vieil homme, bouleversé par la mort de sa femme, est reçu par un agent funéraire en vue de l'organisation des obsèques. Des larmes coulent sur son visage. Il est ému et a du mal à parler. Cependant, il est très attentif à ce que lui dit l'employé des pompes funèbres et, surtout, il ne perd pas de vue ce qu'il souhaite pour l'inhumation de sa chère épouse. Ainsi, il fait part d'un de ses souhaits :
– Je voudrais la faire momifier.

†

Les employés des pompes funèbres emportent le cercueil de René. Sa mise en bière est terminée et il faut, maintenant, se rendre à l'église. Ils sortent du funérarium et se dirigent vers le corbillard.

Tout à coup, sa veuve, entourée de plusieurs membres de la famille, s'aperçoit que le corbillard est de marque Renault. Alors elle lance à sa voisine :

– Dire que mon mari m'a toujours dit : « Je préférerais mourir plutôt que de monter dans un véhicule Renault ! »

†

À l'inhumation de cet ancien combattant et conseiller général, il y a foule, dont des anciens combattants. Alors le prêtre a choisi de se faire seconder par le frère Jacques.

Après la bénédiction du corps et la signature du registre de condoléances, l'église se vide peu à peu.

Lorsque la famille et les anciens combattants ont béni le défunt, il est temps d'emporter le cercueil dans son caveau.

Le porte-drapeau s'avance le premier, suivi des autres anciens combattants, du prêtre et du frère Jacques, du cercueil puis de la famille. Tout le monde se dirige solennellement vers la sortie.

Le vieil homme tient son drapeau bien droit, le redressant fièrement de temps en temps, tout en marchant d'un pas lent, mais assuré. Bientôt, il franchira la porte basse de cette petite église et se retrouvera sous le ciel bleu, quittant la fraîcheur appréciable de l'édifice cultuel.

Soudain, un choc assourdissant se fait entendre et le porte-drapeau s'immobilise aussitôt, obligeant, de ce fait, tout le cortège à s'arrêter net : la hampe du drapeau vient de se planter littéralement dans le haut de la porte en bois !

Surpris, mais non désemparé, l'ancien combattant tente, en vain, de l'enlever plusieurs fois. Il tire de toutes ses forces, mais rien à faire ! La hampe semble vouloir rester plantée. Dès lors, trois autres anciens combattants viennent au secours de leur camarade embarrassé. Malgré leurs efforts réunis, le premier essai échoue totalement. Ce n'est qu'à la quatrième tentative que la hampe s'arrache brutalement du haut de la porte. Mais l'effort considérable qu'il leur a fallu fournir déséquilibra, du même coup, deux des anciens combattants, qui se retrouvent, l'un dans les bras du prêtre et l'autre dans ceux du frère Jacques, stupéfait !

†

Une femme arrive à l'agence funéraire. Son époux vient de décéder et, selon ses volontés, elle souhaiterait le faire incinérer. L'employé des pompes funèbres lui demande alors :

– Souhaitez-vous mettre les cendres au columbarium, madame ?

– Non ! répond-elle, choquée. Mon mari n'était pas un oiseau rare !

†

– Avez-vous une préférence sur la date d'enterrement ? demande l'agent funéraire à la femme, venue pour l'inhumation de son époux.

– Lorsque j'aurai fait refaire son passeport, qui est périmé, je vous en proposerai une.

†

Alors qu'il repère une sépulture qu'il doit ouvrir, un agent funéraire est abordé par une femme qui tient un paquet de courrier. Elle lui demande :

– Excusez-moi, monsieur, mais comment puis-je remettre ce courrier à mon mari ? Je n'ouvre jamais ce qui lui est adressé.

†

Un agent funéraire reçoit une femme,
venue préparer les obsèques de son mari.
Il avait vingt-deux ans de plus qu'elle.
Après avoir rempli la partie civile du dossier,
l'employé des pompes funèbres demande :
– Voulez-vous que nous lui fassions
les soins de conservation ?
– Ah non ! Je ne conserve pas les antiquités !

†

Un agent funéraire reçoit une femme, dont le mari est mort d'avoir trop bu. D'ailleurs, visiblement, sa veuve devait l'accompagner...

Après avoir rempli le dossier, l'employé des pompes funèbres demande à la dame :

– Si vous voulez, nous allons choisir sa bière, maintenant.

– Oh, pas la peine ! Mettez celle que vous voulez : de la blonde ou de la brune. Mon mari n'avait aucune préférence.

†

Alors qu'il s'apprête à bénir le corps du défunt, un homme s'approche au maximum du cercueil. Après un moment d'hésitation, il avance encore d'un pas mais, à ce moment-là, un grand bruit déchire ce silence si pesant : il vient de renverser le bénitier !

Dans certains villages, le service funéraire à partir de l'église est assuré par des charitons, ces hommes qui se dévouent pour enterrer les morts. Un jour, l'un d'entre eux meurt. Ses confrères emportent le cercueil jusqu'à sa tombe et le posent délicatement sur les deux morceaux de bois placés transversalement au-dessus du trou. Le prêtre récite les prières de circonstance puis, l'un des charitons prend la parole et prononce :

– Les trois mousquetaires avaient l'habitude de dire : « Un pour tous, tous pour un. » Aujourd'hui, tu nous rappelles les trois mousquetaires puisque tu as enterré la moitié du village et que, en ce jour attristé, c'est l'autre moitié du village qui t'enterre.

†

Un homme entre dans une agence funéraire. À sa mise, l'employé qui le reçoit voit tout de suite qu'il s'agit d'un campagnard. L'homme formule d'emblée sa demande :

– Bonjour, je viens pour un brûlage.

†

Une femme entre dans une agence funéraire avec une petite fille.
Elle vient pour l'organisation des obsèques de son époux. Ses yeux sont rougis par le chagrin et l'agent funéraire qui la reçoit se doute qu'elle retient ses larmes pour ne pas alarmer sa fille.
Au cours de l'entretien, l'employé des pompes funèbres demande :
– Souhaitez-vous une inhumation ou une crémation, madame ?
– Une crémation.
– C'est quoi, une crémation, maman ?
– C'est quand on brûle quelqu'un.
– Alors tu envoies papa en enfer ?

†

Après le décès de son épouse, un homme se rend dans une agence funéraire. Il répond aux questions de l'employé qui le reçoit et, tout à coup, inquiet, demande :

– Comment va-t-elle reconnaître Dieu puisqu'elle ne l'a jamais vu ?

†

Maria était cartomancienne mais personne ne peut dire si elle avait prévu son décès prématuré.

À sa mise en bière, sa fille unique est là, soutenue par son mari. Avant de prier, elle regarde sa mère, comme pour mieux fixer son image dans son cerveau. Puis elle ouvre son sac à main, en sort un jeu de tarot et le met dans le cercueil, sous les mains jointes de sa mère et dit :

– Voilà, maman. Je t'ai apporté ton jeu de tarot. Comme cela, tu pourras lire ton avenir.

†

À la mise en bière de Nicolas, seules sa veuve et sa fille sont présentes. Toutes deux prient pour l'âme du défunt puis la veuve lâche :

– Que Dieu le garde.

– Pourquoi ? rétorque sa fille. Tu as peur qu'il te le renvoie ?

†

Aujourd'hui, c'est l'inhumation de Bertrand. L'église est relativement pleine, non pas que le défunt fût estimé, mais parce que sa veuve est une femme respectable et respectée de tous. Alors, dans l'épreuve, il faut la soutenir. C'est un devoir.

Après les premières prières, le prêtre dit :

– Bertrand était un homme aimé de tous...

Alors la veuve, surprise par ces paroles, lance aux personnes qui l'entourent :

– Je ne suis pas sûre qu'il parle de mon mari, là.

†

À la mise en bière de Bernadette, son mari et ses cinq enfants se recueillent. Après leur avoir laissé un délai décent, un employé des pompes funèbres demande :

– Pouvons-nous fermer le cercueil, messieurs dames ?

– Je ne sais pas, répond le mari. Demandez à ma femme. C'est toujours elle qui prend les décisions.

†

À l'inhumation de cet ancien combattant, ses confrères sont présents, portant le drapeau.

Au moment de la bénédiction, ils se lèvent en dernier, se dirigent vers le cercueil, respectent une minute de silence en baissant le drapeau qu'ils portent et bénissent le corps.

L'un d'eux, tout tremblant, baisse son drapeau, le relève pour céder la place à son camarade mais, malheureusement, le pose sur l'une des rangées de cierges, qui en font immédiatement une torche !

†

Cet après-midi, les employés des pompes funèbres se rendent au domicile de Berthe, décédée hier en ce lieu. Ils vont disposer les différents éléments religieux pour une présentation de corps à domicile.

Arrivés devant la maison, ils sont aussitôt accueillis par le veuf, qui les emmène, sans perdre de temps, dans la chambre momentanément mortuaire.

Après avoir visualisé les lieux, les employés repartent à leur véhicule pour descendre le matériel. Ils en reviennent, qui avec un cierge, qui avec la soucoupe à eau bénite, etc.

Tout à coup, l'un d'eux arrive en trombe dans la chambre et lance, affolé :

– On a oublié le Christ !

– Ce n'est pas grave ! rétorque le veuf. J'ai un portrait de mon beau-père. Il se prenait pour le bon Dieu. Alors il pourrait peut-être le remplacer.

†

Un vieillard entre dans une agence de pompes funèbres. Il tremble légèrement et se déplace à l'aide d'une canne. Il est bouleversé par le décès de sa femme et souhaite un enterrement correct, mais sans fioritures. Assis face à l'employé qui le reçoit, il ne peut contenir plus longtemps l'objet de ses tracas :

– Vous savez, monsieur, je suis très inquiet pour ma femme.

– Ah bon ? Pourquoi ?

– Parce que nous n'avons jamais voyagé. Nous restions toujours dans la région. Cela sert à quoi de voyager ? Nous avons tout ce qu'il nous faut, ici. Alors, oui, je suis très inquiet car ce sera son premier voyage.

†

L'employé funéraire accueille une vieille femme toute fluette, qui vient d'entrer dans l'agence.
– Bonjour, dit-elle. Je viens chercher un lit (comprendre « cercueil »).

†

Une femme entre dans une agence funéraire et s'adresse tout de suite à l'employé qui la reçoit :
– Bonjour, je viens pour un conseil.
– Oui, si je peux vous aider.
– J'espère. Voilà, mon mari est mort d'une crise cardiaque dans les bras de sa maîtresse. Je ne savais même pas qu'il avait une maîtresse. Alors j'ai dit à cette femme que c'était à elle de payer les funérailles, mais elle refuse au motif que c'était moi sa femme, et pas elle. Moi, je m'obstine à ce qu'elle paie les obsèques. Après tout, c'est elle qui l'a tué. Qu'en pensez-vous ?

†

Après avoir choisi un beau cercueil en chêne pour inhumer sa femme, un homme demande à l'agent funéraire :

– Pourrais-je choisir une urne, maintenant ?

– Vous n'en avez pas besoin, monsieur, puisque votre épouse ne sera pas incinérée.

– Si, j'en ai besoin ! Je veux y mettre la poussière quand elle sera redevenue poussière.

L'employé des pompes funèbres est assis dans un salon de réception en face d'une dame replète et très bavarde. Quelques minutes plus tôt, elle s'est présentée à l'agence pour organiser les obsèques de son époux, décédé dans la nuit.

Trop contente de trouver une oreille attentive, elle en profite pour déverser des flots de paroles. Cependant, de temps en temps, l'agent funéraire réussit à obtenir les réponses à ses questions et, petit à petit, le dossier est monté.

Avant de laisser partir la veuve, toujours prête à ajouter quelque chose, il demande :

– Souhaitez-vous lui apporter des vêtements, madame ?

– Non. Mon mari dormait toujours tout nu. Je ne vais pas changer ses habitudes.

†

Un homme arrive aux pompes funèbres, après le décès de son épouse. Un employé le reçoit et monte le dossier d'inhumation. Après avoir signé les papiers, l'homme demande :
– J'aimerais qu'on lui retire son dentier. Elle m'a tellement mordu de son vivant que je ne voudrais pas que cela recommence quand je la rejoindrai.

†

À la fin de la messe, le corps de Valentin est emmené dans le cimetière. Lorsque la veuve arrive à cet endroit, le marbrier lui explique qu'il n'a pas pu ouvrir la sépulture et donc que son mari reposera dans le caveau provisoire jusqu'au lendemain. À cette annonce, elle explose, en colère :
– Décidément, mon époux ne fait jamais rien du premier coup ! Toute sa vie, il n'a fait que du provisoire !

†

À la mise en bière de Louis, six personnes se présentent : la famille proche. À peine entrée dans la salle, la veuve s'approche du cercueil, sort un document plié en quatre de sa poche et le glisse sous le drap.

Étonné, l'un de ses fils demande :

– Qu'est-ce que tu lui donnes ?

– Une carte du ciel.

– Pourquoi ?

– Eh bien ! Réfléchis ! Pour qu'il se repère, pardi !

†

À la mise en bière, après s'être recueillie devant la dépouille de son mari, une femme s'exclame :

– Ah ! J'ai oublié ses pilules pour le cœur. Il faut absolument que j'aille les chercher.

– Mais, madame, ce n'est pas nécessaire et puis vous n'avez pas le temps.

– Mais si, c'est nécessaire ! Vous voulez tuer mon mari ou quoi ?

†

Un vieil homme entre au funérarium et demande à voir le corps de sa défunte épouse. Elle était tout pour lui, alors, même dans la mort, il veille à son bien-être.

Un employé des pompes funèbres vient l'avertir qu'il peut entrer dans le petit salon. Il s'approche de sa femme, lui caresse la joue, retire sa main aussitôt et lance à l'agent funéraire :

– Mais elle est glacée ! Vous n'avez pas peur qu'elle s'enrhume ?

†

Un employé des pompes funèbres se tient près du registre de condoléances. Tout à coup, il sourit. Un jeune homme vient d'écrire : « Tu nous as toujours fait rire. Aujourd'hui, tu nous fais pleurer. »

†

Un jeune père entre dans une agence de pompes funèbres et tient un garçonnet, d'environ 5 ans, par la main.
– Bonjour, dit-il à l'agent funéraire qui l'accueille. Je viens acheter un cercueil.
– Dis, papa, rétorque alors l'enfant, pourquoi veux-tu acheter un cercueil ? On n'a pas de place à la maison !

†

Après avoir réglé le dossier d'incinération d'Olivier, l'employé funéraire demande à sa veuve :
– Voulez-vous une urne, madame ?
– Non, je ne suis pas maire. Donnez-moi une boîte.

†

Deux personnes sont réunies autour de l'agent funéraire. Elles viennent pour l'inhumation de Noël, leur frère célibataire.

Tout à coup, sans plus s'occuper de l'employé des pompes funèbres, l'un d'eux dit :

– Tu vois, Arthur, à force de creuser sa tombe, Noël a fini par y aller.

†

– Bonjour, dit l'homme qui vient d'entrer dans le funérarium, est-il possible de voir mon frère, Daniel.

– Bien sûr, monsieur. Si vous voulez bien vous asseoir, le temps de le préparer.

Daniel, décédé d'une longue maladie à l'âge de 53 ans, a pris plaisir toute sa vie à amuser les enfants en jouant le rôle d'un clown dans un cirque itinérant. Aujourd'hui, c'est toute la communauté du monde du spectacle qui le pleure et son frère Jean tout particulièrement. Ensemble, ils faisaient des numéros extraordinaires pour divertir les spectateurs et leur plus grand bonheur était d'entendre l'assemblée rire de leurs facéties.

– Si vous voulez bien me suivre, dit l'employé des pompes funèbres, de retour dans la salle d'attente.

Jean se lève tout doucement, sèche ses larmes avec la manche de son manteau, respire profondément et suit l'employé.

Arrivé devant le cercueil de celui qui fut toute sa vie son partenaire, il s'effondre de chagrin. Après quelques instants de relâchement, il se reprend, sort de sa poche un nez rouge et le pose sur le visage de son frère en disant, avec un sourire :

– Oui ! Cette fois, c'est bien toi.

†

Justine est une vieille dame toute ridée. Petite, un chapeau gris vissé sur la tête, elle entre dans l'agence des pompes funèbres, bouleversée. Son mari vient de décéder et, déjà, elle se sent perdue. C'est une partie d'elle-même qui est partie donc, forcément, elle se sent comme amputée. On ne vit pas autant d'années avec quelqu'un sans ressentir un grand vide lorsqu'il n'est plus.

Un employé vient au-devant d'elle et, rapidement, elle est installée dans un petit salon de réception.

Tout en remplissant son dossier, l'agent funéraire l'écoute parler de son époux. C'est sa façon à elle de le faire revivre.

Après avoir rempli la partie civile du dossier, l'employé demande :

– Souhaitez-vous que nous lui fassions les soins de conservation, madame ?

– Vous n'allez tout de même pas me le mettre en bocal ? lance-t-elle, outrée.

L'agent funéraire décroche le téléphone qui vient de sonner. Un homme vient de mourir chez lui de la maladie d'Alzheimer et sa veuve souhaiterait qu'un employé des pompes funèbres se déplace pour organiser les funérailles. Après avoir raccroché, l'employé funéraire prend donc la route.

Il arrive au domicile du défunt et est tout de suite reçu par la veuve. Une autre femme est avec elle et il apprend que c'est la fille.

Les deux femmes l'emmènent dans la chambre où repose le vieil homme. Allongé sur le lit conjugal, les mains croisées sur la poitrine, il semble dormir.

Les trois adultes rejoignent la salle à manger où, autour de la table et devant une tasse de café, l'entretien commence.

Après quelques instants, l'agent funéraire demande :

– Souhaitez-vous que nous transportions le corps au funérarium, madame ?

– Non, je préfère qu'il reste chez moi.

À cette réponse, sa fille s'inquiète :

– Tu vas le veiller cette nuit ?

– Pourquoi ? Il va faire une bêtise ?

†

À l'agence funéraire, la vendeuse reçoit une vieille femme qui souhaite acheter une plaque pour son défunt mari. Elle choisit la plus belle du magasin et demande :

– J'aimerais mettre l'inscription « Joyeux anniversaire » dessus.

– Je suis désolée, madame, répond la vendeuse, mais nous ne faisons pas ce genre d'inscription.

– Oh ! lance la vieille dame, contrariée. Et moi qui voulais lui offrir cette plaque pour l'anniversaire de sa mort ! Que vais-je faire, maintenant ?

†

À l'inhumation de Martin, ils sont tous là.

Le prêtre vient de terminer la messe et les employés des pompes funèbres sortent le corps. Dehors, un vent frais s'est levé, mais chacun attend frileusement la sortie du cercueil.

Au moment où il franchit les portes de l'église et passe devant la foule, massée sur le parvis, un homme dit à son voisin :

– Alors, ça y est ! Il a cassé sa pipe, le Martin !

– Maman, demande une petite fille qui a entendu ces propos, pourquoi le monsieur a dit que pépé avait cassé sa pipe ? Il n'en avait pas !

†

Un agent funéraire
décroche le téléphone qui vient
de sonner et entend :
– Allô ! Les pompes célèbres ?

†

Le prêtre honore Louis, qui a, sa vie durant, été un homme rempli de gentillesse, honnête et travailleur.

Au premier rang de l'assemblée, sa veuve, habillée de noir, pleure doucement. L'assistance est calme et silencieuse, concentrée sur les paroles du curé.

Soudain, le maître de cérémonie regarde derrière l'abbé. Sur l'autel, deux cierges brûlent, mais l'un d'eux s'écroule brutalement, propageant les flammes sur l'autel.

Alors que le prêtre continue son prêche, l'assistance, toujours silencieuse, tourne son regard vers le maître de cérémonie qui, déjà, s'approche de l'autel pour éteindre les flammes. Il souffle sur celles qui commencent à brûler le drap brodé qui recouvre l'autel puis transporte le cierge dans la sacristie pour achever de l'éteindre avec de l'eau bénite.

Pendant ce temps, le prêtre, qui a fini l'éloge de Louis, s'approche de l'autel pour célébrer l'eucharistie, mais, arrivé à sa hauteur, ne s'apercevant pas des dégâts laissés sur l'autel par les flammes, poursuit sa messe comme si de rien n'était.

Après la mise au caveau du corps, le maître de cérémonie prévient le prêtre de l'incident. Sans s'émouvoir, l'abbé répond :

– Sans mon petit lieutenant des sapeurs-pompiers, où serions-nous, actuellement ?

Sylvain est décédé d'overdose. Il avait 18 ans et déjà des années de toxicomanie derrière lui.

À l'agence de pompes funèbres, ses parents tentent d'organiser ses funérailles avec l'agent funéraire.

Soudain, le père lâche :

– Eh bien ! Maintenant, il va bien falloir qu'il s'en passe, de la drogue !

Après avoir choisi les prestations
de l'inhumation de son époux, poète à ses
heures perdues, une dame
se rend à l'endroit où sont exposés
les monuments funéraires.
Elle en fait le tour et, très vite, montre
à l'employé des pompes funèbres celui
qui a retenu son attention et demande :
– J'aimerais faire graver une épitaphe
dessus. C'est possible ?
– Oui, madame.
– Dans ce cas, pourriez-vous inscrire :
« Ici, tu n'écriras plus de vers,
mais les vers se souviendront de toi » ?

†

Dans le sud de la France, on attend la famille de Charles pour sa mise en bière. Il fait une chaleur torride.

Lorsqu'elle se présente, le maître de cérémonie la fait entrer dans le salon où le corps du défunt est exposé.

Lorsque la veuve arrive à hauteur du cercueil, elle crie :

– Mais enfin ! Vous ne pouvez pas lui ôter sa couverture ! Il va mourir de chaud là-dessous !

†

Christian est mort d'une rupture d'anévrisme, en pleine rue. Rapidement arrivés sur place, les secours n'ont pu que constater le décès et le corps a été emmené au funérarium.

Après avoir appris la nouvelle, la veuve, affolée, se rend au funérarium, comme pour constater elle-même la véracité des faits. Puis elle accourt dans une agence de pompes funèbres.

À l'employé qui la reçoit, elle raconte ses malheurs et parle beaucoup de son mari, comme pour lui redonner vie momentanément. À un moment, elle lance :

– N'empêche ! Pour une fois, il n'a pas fait durer les choses ! Il est mort rapidement !

†

Une femme se présente dans une agence funéraire pour organiser les obsèques de son mari. Très vite, l'employé qui la reçoit lui demande :

– Souhaitez-vous que nous lui fassions les soins de conservation ?

– Pourquoi voulez-vous le conserver ? Il est mort !

†

– Bonjour, monsieur, lance l'assistant funéraire. Installez-vous, je vous prie. Vous allez m'expliquer ce qui vous amène.

– Voilà, répond l'homme, hésitant. Mon bébé vient de mourir.

– Je suis sincèrement désolé, monsieur, répond l'employé des pompes funèbres, mais nous allons vous aider à inhumer votre bébé tel que vous le souhaitez.

– Mais je ne veux pas que mon enfant aille sous terre ! poursuit le père, accablé, d'un ton agressif.

– Vous souhaitez donc l'incinérer ? reprend l'assistant funéraire.

– Pas question ! Je ne veux pas qu'on y touche ! répond l'homme, de plus en plus agressif.

– Mais, monsieur, que comptez-vous faire ? Vous ne pouvez pas garder votre bébé.

– Je le sais, mais je ne sais pas quoi faire. C'est la raison pour laquelle je suis venu vous voir.

– Je comprends, mais nos services consistent à inhumer votre enfant.

– Je ne veux pas que vous touchiez à mon bébé !

– Soit ! Alors que souhaitez-vous faire ? Porter vous-même le cercueil ?

– Ah ! Ça, non !

– Alors désirez-vous le confier à une personne de votre famille ou à un ami ?

– Je ne confierai mon bébé à personne ! Et puis, je ne veux pas que vous l'enfermiez dans un cercueil !

– Écoutez, monsieur, il faut bien qu'une personne mette le cercueil en terre. Par ailleurs, le cercueil est obligatoire.

– Je ne veux pas avoir recours aux pompes funèbres !

– Très bien ! Dans ce cas, pourquoi êtes-vous venu me voir ?

– Parce que je ne savais pas quoi faire !

– Je comprends. Vous êtes un peu désorienté. Mais si vous souhaitez que je vous aide, il faut me laisser faire. Et puis, vous êtes obligé de passer par les pompes funèbres.

– Eh bien ! lance le père, résigné, je vais en parler à ma femme et je reviendrai vous voir.

†

Le corbillard se dirige vers l'église du village. Il a quitté le funérarium il y a une dizaine de minutes et il en est presque à la moitié de son trajet. Soudain, il crève. Confus, le maître de cérémonie descend et se dirige vers la première voiture de la famille qui suit le véhicule funéraire. Il s'excuse.

– Oh ! répond la veuve, cela ne m'étonne pas ! Mon mari a toujours été en retard. Même à son enterrement, il faut qu'il soit en retard !

†

Un homme meurt à son domicile
et un employé funéraire est dépêché
sur place. La veuve lui présente
son mari, allongé sur un lit
dans une chambre d'amis, et dit :
– Si nous le mettions à la cave,
il se conserverait mieux.
Vous ne croyez pas ?

†

Céline était danseuse. C'était un petit rat de l'Opéra. Toute sa vie, elle l'a consacrée à sa carrière. Elle avait épousé un chorégraphe de deux ans plus âgé qu'elle. C'est donc lui qui se présente à l'agence funéraire pour organiser les obsèques de son épouse.

Après avoir rempli les papiers nécessaires, l'homme demande à choisir une pierre tombale. Il la veut simple, comme était sa femme. Alors il se décide pour une simple plaque de marbre rosé. Il demande ensuite :

– Faites-vous les gravures sur pierres tombales ?

– Oui, monsieur.

– Dans ce cas, j'aimerais que vous inscriviez cette épitaphe : « L'étoile que tu étais sur scène va maintenant briller dans le ciel. »

†

Le corbillard qui transporte François arrive à l'église, suivi de la voiture de la veuve. Aussitôt, la dame se dirige vers le maître de cérémonie et demande :
– Mon mari n'a pas râlé ?
– Non.
– Ah ! Pourtant, il a horreur de se faire conduire !

†

À la mort de Jacqueline, anciennement Jacques, ses parents se rendent aux pompes funèbres.

Après avoir rempli le dossier d'inhumation, l'employé funéraire demande :

– Avez-vous prévu une tenue pour l'enterrement ?

– Eh bien... C'est-à-dire que nous sommes bien embêtés. Devons-nous l'habiller en homme ou en femme ?

†

Une femme entre dans une agence funéraire et dit :
– Bonjour. Je viens acheter une plaque funéraire, s'il vous plaît.
– Oui. Laquelle avez-vous choisie ?
– Celle-ci, avec des fleurs, est très jolie. Avec l'inscription « À ma belle-mère bien-aimée », cela sera parfait. C'est pour son anniversaire.

†

Une dame est venue pour organiser les funérailles de son époux. Elle choisit l'incinération. L'agent funéraire lui demande donc :
– Quelle urne voulez-vous, madame ?
– Aucune. Je vous apporterai un vieux pot de confiture.

†

Un homme, venu pour l'inhumation de sa femme, demande :
– Je voudrais des soins de conversation.

†

Aujourd'hui, c'est l'inhumation d'Éric, un jeune homme de 30 ans, qui laisse un jeune fils. À la sortie de la messe, il pleut à verse et le petit garçon demande à sa grand-mère :
– Le bon Dieu aussi est triste, mamie ? Il pleure.

Un homme arrive aux pompes funèbres et est aussitôt pris en charge par un employé. Ils s'installent dans un petit salon de réception et l'homme explique que sa femme vient de décéder et qu'il aimerait une inhumation assez rapide. Bavard, il lâche de temps en temps certaines informations sur sa défunte épouse. Soudain, il dit :
– Ce qui m'amuse, c'est de penser que, quand ma femme rencontrera Dieu, elle ne pourra pas lui tenir tête. Elle qui veut toujours avoir raison...

†

Mireille, la veuve de Maxime décédé à l'âge de 72 ans, arrive au funérarium pour voir son mari. Elle n'est pas seule. Quatre autres personnes l'accompagnent.

L'employé funéraire introduit le groupe dans le salon où est présenté le corps. Chacun parle du défunt. Soudain, un homme dit à la veuve :

– Dieu va, maintenant, s'occuper de lui. Il va l'accueillir dans son royaume et il sera heureux.

– Oh ! Ça, j'en suis moins sûre que toi ! Il n'a jamais été capable d'être heureux !

†

Un agent funéraire est appelé au domicile d'un homme décédé chez lui. Il arrive rapidement sur place et, après avoir vu le défunt, demande à la veuve :

– Souhaitez-vous que nous le transportions au funérarium ?

– Ah non ! S'il sort de la maison, ils vont venir l'arrêter !

– Qui cela ?

– Eh bien, les gendarmes, évidemment !

– Pourquoi ?

– Mais parce qu'il porte un bracelet électronique !

†

L'agent funéraire boucle le dossier de funérailles de Jeanne, décédée à l'âge de 84 ans. Il propose :
– Voulez-vous choisir une pierre tombale, monsieur ?
– Non, ce n'est pas la peine. Je planterai des légumes.

†

À la mise en bière de Laurent, sa femme arrive avec ses deux filles. Toutes trois entrent dans la chambre funéraire et s'avancent vers le cercueil. La veuve plonge alors la main dans sa poche et en ressort un objet qu'elle tend au maître de cérémonie en disant :

– Tenez. Mettez-lui son GPS dans le cercueil. Mon mari est un chaud lapin et je veux savoir où il est.

Un homme décède chez lui. La veuve, âgée, ne peut se déplacer. Alors un employé funéraire va remplir le dossier d'inhumation chez elle. Il demande :

– Voulez-vous qu'on transporte votre mari à la chambre funéraire, madame ?

– Non, mon mari ne dort bien que dans son lit.

Une femme est décédée chez elle d'une rupture d'anévrisme. Le mari, paniqué et qui ne veut pas la laisser seule, demande aux pompes funèbres de se déplacer. Un employé se rend donc au domicile de la défunte.

Après les présentations d'usage, l'agent funéraire demande à l'époux éploré :

– Puis-je voir le corps, monsieur, s'il vous plaît ?

– Oui, bien sûr ! Suivez-moi.

L'employé des pompes funèbres suit donc l'homme et s'étonne qu'il le mène à la cave. Là, il ouvre un grand congélateur et dit tout naturellement :

– La voilà. Je l'ai mise au congélateur pour la conserver.

†

Au cimetière, alors que le cercueil de Marcel vient d'être descendu dans le caveau, sa veuve s'aperçoit que sa tombe est placée entre deux autres, qui possèdent une plaque funéraire dont l'inscription est « Repose en paix ». Elle leur lance alors :

– Eh bien ! Avec mon mari, c'est fini pour vous de reposer en paix. Vous allez voir, il ronfle !

†

Une femme entre dans une agence de pompes funèbres pour organiser les obsèques de son époux. Un agent funéraire la reçoit et commence à remplir le dossier. À un certain moment, il demande :
– Souhaitez-vous que nous lui fassions les soins de conservation ?
– Ah oui ! C'est une bonne idée ! J'ai envie de reconnaître mon mari quand ce sera mon tour !

†

Toute la famille est venue pour l'enterrement de Christophe, décédé dans sa 90e année. Après avoir réglé les détails de l'inhumation, la veuve demande à l'employé funéraire :
– Où se trouve l'incinérarium, monsieur ?

†

Au cimetière, après la mise en caveau d'une vieille femme, une petite fille interroge sa mère :
– Quand est-ce qu'elle va revenir, mamie ?
– Elle ne va pas revenir.
– Elle va aller où ?
– Au ciel.
– Elle va prendre l'avion ?

†

Alors qu'il se rend à l'église pour l'inhumation de François, le corbillard roule lentement, veillant à ce que les voitures qui le suivent soient toujours derrière lui.

Soudain, à une intersection, un chauffard arrive à toute allure et heurte le véhicule funéraire. C'est la panique. Aussitôt, les employés funéraires descendent du véhicule, tandis que les voitures qui le suivent se garent les unes après les autres.

Le maître de cérémonie, très contrarié, se dirige d'un pas décidé vers la veuve et lui présente ses excuses. La veuve, affligée par la scène, lui répond en pleurs :

– Pourvu qu'il n'ait pas tué mon François !

†

Le curé poursuit la bénédiction funèbre de Julien, décédé trop tôt aux yeux de tous, bien qu'il ait presque 80 ans. Il dit :

– Julien va maintenant connaître le repos éternel.

À ces mots, sa veuve réagit aussitôt :

– Ah ! Bien, cela, cela va bien lui convenir ! Lui qui ne pensait qu'à faire la sieste !

†

Après avoir fini de mettre au point la cérémonie funèbre de Béatrice, une femme de 80 ans, l'agent funéraire demande à son époux :

– Comment souhaitez-vous régler, monsieur ?

– Attristé.

†

Le jour de l'enterrement de Christophe correspond également à son anniversaire. Toute sa famille est rassemblée autour de la tombe pour une dernière prière. Après la rituelle minute de silence, les employés des pompes funèbres descendent le cercueil dans le caveau. Lorsqu'il est placé, chaque membre de l'assistance défile devant lui et jette une rose. Christophe était jeune, donc la procession est longue. Quelques adultes ont accompli ce dernier geste d'amour et un garçonnet s'approche, un joli paquet dans les mains.

– Tiens, c'est pour toi, dit-il en le déposant par terre, face au pied du cercueil. Joyeux anniversaire.

†

Alors que le corps s'apprête
à quitter l'église, une femme entre
précipitamment
dans l'édifice et se dirige directement
vers le maître de cérémonie,
un billet de 10 euros à la main.
– Excusez-moi, monsieur, mais
j'ai oublié de mettre une pièce dans
la corbeille à offrandes. Pourriez-vous
le faire pour moi et me rendre
la monnaie, s'il vous plaît ?

†

À la mise en bière de Pascal, il y a du monde. Outre la famille, ses amis sont là. Tous veulent saluer sa mémoire et lui rendre un dernier hommage. Tout à coup, la mère du défunt tend un album de photos à un agent funéraire et lui demande :

– Je peux mettre cet album de photos dans son cercueil, monsieur ? Ce sont les portraits de ses ancêtres. Comme cela, il les reconnaîtra.

†

Par ce froid après-midi d'hiver, une vingtaine de personnes se présentent à la mise en bière d'Antoinette.

Cette femme de plus de 80 ans semble endormie dans la paix, pour l'éternité.

Les enfants, petits-enfants et arrière-petits-enfants, la larme à l'œil, se serrent autour du cercueil.

Soudain, l'un des petits-fils se saisit du goupillon, déposé dans le bénitier au pied de la bière, dans l'intention de bénir sa grand-mère avant la fermeture du cercueil. Mais, avant qu'il ait pu faire ce geste pieux et plein de respect, sa mère, sèchement, s'écrie :

– Denis, pose ce goupillon tout de suite ! Tu vas mouiller le drap !

†

À la mise en bière de Charles, un vieil homme de 83 ans, toute la famille est présente. Il paraît que c'était un homme d'une gentillesse naturelle. Alors certains pleurent sa disparition.

Une dame se retourne soudainement et semble chercher, en vain, une personne. Ne la trouvant pas, elle demande à sa voisine :

– Tu n'as pas vu Manon ?

– Non.

Alors la dame sort de la salle de présentation du corps et, à la porte, dit à sa fille dans le couloir :

– Alors tu ne vas pas voir pépé ?

– Non. D'habitude, je n'ai pas le droit de le déranger quand il dort.

†

Une femme se présente pour l'inhumation de son mari. Après avoir réglé tous les détails de l'enterrement, elle dit :
– Maintenant, je voudrais des fleurs.
– Oui. Quel genre ? Une couronne ?
– Ah non ! Cela fait mortuaire !

À l'inhumation d'Arsène, l'agent funéraire qui tient le registre de condoléances sourit lorsqu'une personne écrit :
« Toi qui as toujours couru après l'inconnu, te voilà arrivé en terre inconnue. »

†

L'agent funéraire, qui reçoit la femme venue pour organiser les funérailles de son époux, prête une oreille attentive à ses propos. Elle n'est pas avare d'anecdotes sur son mari et, comme elle vient de trouver un confident, elle en profite. Soudain, en soulevant le sac qu'elle avait posé par terre, elle dit :

– Voilà, je vous ai apporté des vêtements. Cependant, j'ai un problème : mon mari ne dort jamais sans ses boules Quiès mais, s'il oublie de les retirer, j'ai peur qu'il n'entende pas Dieu. Qu'en pensez-vous ?

†

Une famille vient pour l'enterrement de leur fils et frère, pompier.

Alors que la date d'inhumation est fixée, l'employé des pompes funèbres demande :

– Souhaitez-vous une incinération, messieurs dames ?

– Vous n'avez pas peur qu'il éteigne le feu ? répond spontanément le frère du défunt.

†

À la mise en bière de son mari, une femme, qui l'embrasse sur le front, s'étonne de sa rigidité :

– Lui qui a été mou toute sa vie, il est devenu tout dur !

†

Au cimetière, alors que les personnes présentes viennent voir la fille du défunt pour lui dire des messages de sympathie et de réconfort, l'une d'elles déclare :

– Je suis triste que votre papa soit parti. C'était un gentil monsieur.

– Mais, répond le fils de la femme endeuillée, debout près de sa mère, pépé n'est pas parti, il est dans la boîte qu'on a mise dans le trou.

†

L'agent funéraire reçoit un vieux monsieur pour organiser l'inhumation de son épouse. Il veut tout ce qu'il y a de mieux, alors, à un moment, il demande :

– Je voudrais que le physionomiste l'arrange.

À la mise en bière de son défunt mari, sa femme pleure à chaudes larmes. Las de l'entendre ainsi se lamenter, l'un de ses fils, tout à coup, lui demande :

– Pourquoi pleures-tu autant, maman ?

– Eh bien... Ton père est mort, tout de même !

– Mais enfin ! Tu oublies qu'il était magicien ! Je suis sûr qu'il va réapparaître un jour.

†

Au cimetière, on descend le cercueil de Natacha dans le caveau. Lorsqu'il repose sur la dalle de béton, une petite fille s'inquiète :

– Dis, papa, à qui elle va parler maintenant, maman ?

†

Un homme est décédé chez lui. La veuve appelle les pompes funèbres pour savoir si un employé peut se déplacer car elle habite au fin fond de la campagne. C'est le cas. Alors, c'est soulagée qu'elle reçoit l'agent funéraire chez lui. Elle s'empresse de montrer la dépouille de son mari à l'employé des pompes funèbres, qui en profite pour lui demander :

– Voulez-vous que nous lui fassions les soins de conservation, madame ?

– Vous voulez lui faire comme les légumes en conserve ? répond la veuve, scandalisée.

†

L'employé des pompes funèbres
répond au téléphone qui vient de
sonner. Après avoir décroché, il entend :
– Allô ! Mon mari ne bouge plus.
Vous pouvez venir voir s'il est mort ?

†

L'agent funéraire, qui reçoit une vieille dame pour l'enterrement de son époux, lui demande :
– À quelle heure souhaitez-vous la mise en bière, madame ?
– Oh ! Le plus tôt possible ! Mon mari n'a pas d'heure pour boire de la bière, alors il doit avoir hâte d'être dedans !

†

Une veuve se rend à la mise en bière de son époux qui, selon ses vœux, va être incinéré.
Après une courte prière et un moment de recueillement, les employés des pompes funèbres s'apprêtent à fermer le cercueil. Alors, tandis qu'un employé se saisit du couvercle, la veuve lance à ses collègues :
– Puisque vous allez brûler mon mari, je peux récupérer le capiton et l'ensemble du lit ?

†

Un calme pesant règne dans cette petite église de campagne. Trois jours plus tôt, Alphonse est décédé de vieillesse et une foule relative est, aujourd'hui, présente à ses funérailles.

Soudain, une dame d'une quarantaine d'années entre dans l'église et se dirige vers le maître de cérémonie. Elle se renseigne :

– Excusez-moi, monsieur, mais c'est bien une messe ?

– Oui, madame. Vous venez pour les obsèques de M. Alphonse T. ?

– Non ! Pas du tout ! Je ne connaissais pas ce monsieur. Mais vous êtes sûr que c'est bien une messe ?

– Oui, madame. Regardez sur l'autel, il y a le calice.

Convaincue, la dame s'installe avec la famille du défunt.

Au moment de la célébration de l'eucharistie, elle va communier la première puis, satisfaite, sans attendre la fin de la messe, sort de la paroisse, aussi soudainement qu'elle y est entrée au cours de l'office religieux.

†

Par un bel après-midi ensoleillé, la mise en bière de Rémi, un vieil homme mort subitement d'une crise cardiaque, vient de commencer.

Autour du cercueil, la famille, chagrinée, est rassemblée. Seul le bruit des sanglots se fait entendre dans cette atmosphère de douleur.

Soudain, la fille du défunt se saisit du sac en plastique qu'elle a apporté et en sort un poste de radio. Se tournant alors vers le maître de cérémonie, elle demande :

– Papa aimait tant la radio ! Puis-je la mettre dans son cercueil ?

Bien que l'appareil, apparemment neuf, soit volumineux, l'employé acquiesce :

– Allez-y, madame, je vous en prie. Si tel est votre souhait.

Soulagée, la fille branche alors la radio sur RTL, se justifiant auprès de l'assistant funéraire, stupéfait :

– C'était sa station préférée.

S'apprêtant alors à déposer l'appareil en marche dans le cercueil, le maître de cérémonie, avec diplomatie, intervient :

– Excusez-moi, madame, mais vous ne pouvez pas laisser ce transistor allumé aussi fort. Que va penser le prêtre ?

– Pourquoi voulez-vous priver papa de son passe-temps favori ? Ce sera plus gai pour lui ! Il va être seul, maintenant !

– Soit ! Mais, s'il vous plaît, ne pourriez-vous pas baisser un peu le son ?

– Voyons, monsieur, mon père était un peu sourd. Si je baisse le son, il ne va plus rien entendre !

Puis, soudainement, elle ajoute :

– Ah ! C'est vrai : je lui ai apporté des piles de rechange. J'allais oublier de les mettre dans son cercueil !

†

À l'inhumation de Pascal, il y a beaucoup de monde. Il faut dire que ce quadragénaire est mort sur son lieu de travail dans des conditions atroces. Il a été broyé par la machine sur laquelle il travaillait. Alors, famille, amis et collègues, tous ont voulu être présents pour lui rendre un dernier hommage.

Le cercueil vient d'être descendu dans le caveau et l'assemblée commence à défiler devant lui pour un dernier recueil. Lorsque le petit garçon du défunt s'approche, donnant la main à sa mère, il regarde le cercueil de son père et demande :

– C'est la nouvelle chambre de papa, maman ?

– Oui.

– Et tu vas dormir avec lui tous les soirs ?

†

À la mise en bière de Romain, sa veuve arrive avec ses enfants, leurs conjoints et leurs enfants. Il y a donc du monde dans la chambre funéraire. Tout le monde s'approche du cercueil et la veuve s'écrie, toute contente :

– Oh, regardez ! Il a rajeuni ! C'est donc cela le secret de la jeunesse éternelle ?

†

Marie est décédée de la maladie d'Alzheimer. Elle avait 68 ans, mais vivait dans son monde depuis plusieurs années, ne reconnaissant personne et ne se rappelant même pas les gestes mécaniques de la vie quotidienne.

À sa mise en bière, seule sa famille proche est là. Après une prière et un moment de recueillement, le veuf s'approche du cercueil et glisse furtivement quelque chose sous le drap. Intrigué, son fils lui demande :

– Qu'est-ce que tu as mis dans le cercueil ?

– Sa carte d'identité.

– Pourquoi ?

– Eh bien... comme elle ne se rappelle pas son nom, elle donnera sa carte d'identité à Dieu pour se présenter.

†

À l'inhumation de Pascal, l'agent funéraire qui tient le registre de condoléances est, tout à coup, sidéré de lire ce que vient d'écrire un homme :

« Si tu vois Sonia, dis-lui que je suis heureux, sans elle. »

†

À la mise en bière d'une femme de 75 ans, l'employé des pompes funèbres, après avoir laissé la famille se recueillir, demande :

– Pouvons-nous fermer, messieurs dames ?

– Je ne sais pas, lance le mari de la défunte en désignant sa femme, vous croyez qu'elle est prête ?

En ce jour pluvieux, il y a beaucoup de monde à l'enterrement de Roland. Il faut dire que, dans ce petit village normand, il était une notoriété puisqu'il s'occupait de la municipalité depuis plus de vingt-cinq ans. Alors l'émotion est palpable dans cette petite église et trouble également le prêtre qui fait la messe puisqu'il annonce :

– Je vais maintenant offenser le corps de... euh... encenser le corps...

Une femme revient voir l'agent
des pompes funèbres qui l'a reçue
la veille pour les obsèques
de son époux et lui fait part
de son inquiétude :
– Le prêtre m'a dit que Dieu
accueillerait mon mari,
mais je connais mon époux,
il ne lui demandera jamais
l'hospitalité ! Il est trop fier !

†

Un agent funéraire doit se rendre au domicile d'une personne qui vient de décéder. Il arrive devant la maison indiquée et un homme, planté devant le portail, l'attend.

Après lui avoir montré le corps de sa femme, étendu sur le lit conjugal, il conduit l'employé des pompes funèbres dans la cuisine, où, assis tous deux devant une tasse de café, ils discutent de l'organisation des funérailles. À un moment donné, l'agent funéraire demande :

– Voulez-vous qu'on emmène votre épouse à la chambre funéraire ?

– À quel hôtel ?

†

Un homme entre dans une agence funéraire pour organiser les obsèques de sa femme. L'employé le prend rapidement en charge et commence à remplir le dossier. De temps en temps, l'homme glisse un mot sur sa défunte épouse. Tout à coup, il dit :
– Elle qui disait toujours :
« Seigneur ! Qu'est-ce que j'ai fait au bon Dieu pour avoir un fils pareil ? », eh bien, maintenant, elle va pouvoir le lui demander.

†

À la fin de la messe, le mari de la défunte, excédé, s'adresse au maître de cérémonie :
– Mais enfin ! Pourquoi les porteurs font-ils tous une tête d'enterrement ? Ils donnent envie de pleurer ! Ils devraient sourire ! Ce serait plus gai !

†

René est mort chez lui et son épouse a tenu à ce qu'il y reste jusqu'à son inhumation.

Le jour de la mise en bière, l'employé des pompes funèbres qui conduit le corbillard se gare sur le grand parking que les propriétaires ont aménagé devant leur maison.

Le personnel funéraire descend du fourgon, ouvre la porte arrière et en sort les deux cierges, la croix et le bénitier, qu'il laisse près du véhicule. Puis les quatre hommes sortent le cercueil, qu'ils transportent dans la maison.

Pendant qu'ils installent le défunt dans son cercueil, une voiture arrive dans le jardin, manœuvre pour se garer mais, malheureusement, écrase le Christ.

Le chauffeur se gare, constate les dégâts et, penaud, entre dans la maison au moment où les employés des pompes funèbres en sortent pour récupérer ce qu'ils ont laissé près du corbillard. Il s'excuse :

– Je suis désolé, mais je viens d'écraser le Christ. Je vais le remplacer.

– C'est regrettable, monsieur, c'est vrai, répond un employé des pompes funèbres, mais, vous savez, je ne crois pas que cela soit nécessaire de le remplacer pendant trois jours.

†

À l'inhumation d'Élisabeth, il y a peu de monde dans cette église glacée. Alors que la cérémonie religieuse est déjà bien avancée, la lourde porte de l'édifice cultuel grince et fait se retourner toutes les têtes. Nullement gênée par le dérangement qu'elle a occasionné, une femme d'une soixantaine d'années remonte la nef d'un pas assuré et se dirige vers le maître de cérémonie, auquel elle demande :

– Dites, monsieur, quel est le nom du monsieur qui est mort ?

– Ce n'est pas un homme, madame, c'est une femme, répond-il, surpris de la question. Il s'agit de Mme Élisabeth B. Vous la connaissiez ?

– Non, non ! Pas du tout ! jette-t-elle, avant de prendre place au milieu de la famille.

†

Les employés des pompes funèbres sont appelés dans un commissariat. Un homme est décédé en garde à vue et ils doivent emmener le corps au funérarium. Très vite, ils apprennent que cet homme était une forte tête, bien connu des policiers, qui, à chacune de ses arrestations, tentait toujours de s'échapper.

Alors que les employés des pompes funèbres soulèvent le corps, un policier jette à ses collègues :

– Finalement, il a tout de même réussi à s'évader !

†

Cinq personnes éplorées arrivent à l'agence de pompes funèbres. Des jumelles de 18 ans viennent de décéder dans un accident de voiture et leur famille arrive au complet pour organiser les funérailles. Le chagrin est immense et, entre deux sanglots, la famille répond aux questions de l'employé. Soudain, l'une des sœurs demande :

– Monsieur, mes sœurs se ressemblaient tellement que, même nous, nous ne savions pas qui était qui et elles en jouaient. Alors comment Dieu va-t-il faire pour les différencier ?

†

Une dame entre dans une agence de pompes funèbres et explique que son époux est mort au petit matin. Elle ajoute :
– Mon mari a toujours été très précis dans la vie, jusque dans la mort. Il a attendu le 2 novembre pour mourir, le jour des défunts.

†

Un homme vient pour l'inhumation de sa femme. D'apparence négligée, il ne semble pas affecté par la disparition de celle qui a partagé sa vie. À l'employé funéraire qui le reçoit, il demande :
– Bonjour, combien coûte un enterrement ?
– Eh bien... cela dépend des prestations.
– Des quoi ?
– Des choix que vous faites.
– Ah oui ! Bon ! Bien... disons le service minimum.
– Voyons... 1690 euros.
– Quoi ? hurle l'homme, stupéfait, c'est drôlement cher ! Eh bien... puisque c'est cela, je vais enterrer la vieille dans le jardin !

†

Marie vient de mourir et son époux est reçu par un agent funéraire. Ensemble, ils organisent la cérémonie funèbre. Tout à coup, le mari jette :

– Surtout, coupez-lui les ongles ! Elle m'a toujours griffé, alors, quand je la rejoindrai, je ne veux pas qu'elle recommence.

†

Yvette est décédée du sida. Elle avait 49 ans. Elle a multiplié les liaisons, mais ne s'est jamais mariée. Alors, ce sont ses parents qui arrivent à l'agence funéraire pour organiser ses obsèques. Pour leur fille, malgré une vie qu'ils n'approuvaient pas du tout, ils veulent faire le maximum. Une fois les funérailles préparées, ils choisissent un monument. Ils tombent d'accord sur une pierre tombale de granit gris. La mère, tout à son chagrin, exprime un dernier vœu :

– J'aimerais mettre quelque chose dessus.

– Oui. Que voulez-vous mettre ? Une plaque ? Une croix ? Une Vierge ?

– Ah non ! s'offusque le père. Elle ne l'était pas du tout !

†

À la mise en bière d'un homme
d'une quarantaine d'années,
sa veuve l'embrasse sur le front et s'étonne :
– Mon Dieu ! Qu'il est glacé !
– Ne t'inquiète pas, maman,
tente de la rassurer son fils d'une dizaine
d'années, papa va se réchauffer en enfer !

†

Après avoir réglé un certain nombre de points en vue de l'inhumation de Brice, l'agent funéraire demande à sa veuve :

– Voulez-vous que nous lui fassions les soins de conservation ?

– Écoutez, je sais que mon mari était devenu un légume, mais ce n'est pas une raison pour le conserver !

Une dame entre dans une agence funéraire et dit :
– Bonjour, je voudrais un vase, s'il vous plaît (comprendre « urne cinéraire »).
– Oui. Quelle taille désirez-vous ? Quelles fleurs voulez-vous mettre dedans ?
– Non, ce n'est pas pour mettre des fleurs, mais mon mari.

†

Une jeune femme explique à l'agent funéraire comment elle a appris à sa jeune fille, d'à peine 5 ans, le décès de son grand-père :
– Je lui ai dit : « Les anges ont emmené ton papy au ciel. – Ah ! a-t-elle répondu. Et papy va se transformer en nuage ? »

†

Aujourd'hui, dans ce petit village tranquille de province, on enterre Maurice, très estimé dans la commune. Alors tous ceux qui ont pu se déplacer sont là. L'église est pleine. Au milieu de son prêche, le prêtre dit :
– Dieu a rappelé Maurice auprès de lui.
À ce moment-là, une dame, au troisième rang, se tourne vers sa voisine et lance :
– Oui. Dieu sait ce qu'il fait. Il rappelle toujours les meilleurs auprès de lui. Il ne va pas s'encombrer de mon mari !

†

Alors que le corbillard transporte le corps de Bertrand, un septuagénaire, vers l'église, il crève. Confus, le maître de cérémonie se dirige vers la seule voiture qui suit le véhicule funèbre et s'excuse auprès de la veuve.

– Je vois ! répond celle-ci. Votre véhicule a fait comme mon mari : il a crevé !

†

Après avoir appris à l'agent funéraire qu'elle voulait que son mari soit incinéré, une dame est amenée à choisir une urne. L'employé des pompes funèbres l'emmène donc naturellement vers l'exposition des urnes. La dame les regarde les unes après les autres, sans prendre de décision. Alors l'agent funéraire demande :

– Quelle urne avez-vous choisie, madame ?

– Aucune. Si vous voyiez mon mari, vous sauriez qu'il ne rentrera jamais là-dedans !

†

L'employé funéraire est concentré sur un dossier d'inhumation lorsque la porte de l'agence s'ouvre et qu'une dame d'une cinquantaine d'années entre. Il va au-devant d'elle et elle lui dit :

– Bonjour, je viens car mon mari vient de changer de patron.

– Euh... oui. Excusez-moi, mais vous êtes aux pompes funèbres, ici.

– Oui, justement. Avant, mon mari travaillait pour Total mais, depuis ce matin, c'est Dieu, son patron.

†

Par ce froid après-midi d'hiver, le registre de condoléances est installé sur une table, au seul emplacement possible dans cette église, au fond, à environ 50 centimètres devant la table des cierges allumés par les croyants, dans l'espoir de voir leurs vœux exaucés.

La foule qui s'est entassée dans l'église pour assister aux funérailles de Bénédicte commence à sortir et, au passage, signe le registre.

Tout à coup, l'un des porteurs, placé entre les deux tables pour tenir le registre, inquiet, demande à son collègue :

– Marcel, tu ne sens pas le brûlé, toi ?

– Oui, tu as raison. Qu'est-ce que c'est ?

Marcel se tourne alors instinctivement vers la table des cierges et s'écrie, affolé :

– Mais, Philippe, c'est toi qui brûles !

En effet, placé trop près des cierges allumés, faute de place, le porteur ne s'est pas aperçu que l'un d'eux s'était cassé et, tombé, commençait à consumer son imperméable !

†

L'employé des pompes funèbres est sur la route de Boisbert, un petit village alsacien. Quelques minutes plus tôt, il a été appelé pour un décès à domicile. Marcel, un homme de 72 ans, est décédé chez lui des suites d'une longue maladie et sa veuve souhaite qu'il reste dans sa chambre jusqu'à l'inhumation. Alors, parce qu'elle n'a pas de véhicule, elle a demandé à l'employé funéraire de venir chez elle pour préparer les obsèques.

L'agent funéraire pense à son week-end en famille quand, soudainement, il s'aperçoit qu'il est arrivé. Il gare sa voiture le long du trottoir et sonne à la porte de la veuve, qui lui ouvre presque immédiatement.

À peine entré, elle l'emmène dans la chambre où le défunt repose. Elle ouvre doucement la porte et fait signe à l'employé funéraire d'entrer. Lorsqu'il pénètre dans la pièce, l'homme est abasourdi. Il n'en croit pas ses yeux. Devant lui, un vrai décor d'Halloween emplit la pièce. Des squelettes, des fantômes, des têtes de mort sont exposés partout. Pourtant, nous sommes en plein mois d'août. Cependant, toute fière, la veuve lui dit :

– Vous avez vu, j'ai fait une décoration de circonstance.

†

La mise en bière de Corinne a lieu dans dix minutes. Déjà, la famille est sur place et s'avance vers le cercueil. Soudain, surprise, la fille de la défunte dit à son père :

– Oh ! Comme elle est belle ! On dirait qu'elle a dix ans de moins !

– Oui, et dire qu'elle m'a coûté assez cher toute sa vie en allant dans les instituts de beauté ! Finalement, là, en une séance, elle a le résultat dont elle a toujours rêvé !

†

Joël est mort brûlé dans l'incendie de son pavillon. Le système électrique défectueux de son habitation a été la cause de son cruel décès. Il avait 45 ans et était célibataire. Alors, ce sont ses parents qui se présentent à l'agence de pompes funèbres.

Les larmes aux yeux, ils se soulagent en racontant le terrible drame et l'oreille attentive de l'employé leur permet de se confier en toute quiétude.

Après avoir raconté la triste histoire de la mort de leur fils, la mère dit :

– Au moins, cela nous soulage de savoir que les vers ne le mangeront pas !

†

Jean est mort écrasé sous un train.

Alors qu'un agent funéraire reçoit la famille pour l'organisation de ses funérailles, le frère du défunt, âgé d'environ 12 ans, s'inquiète soudainement :

– Dis, maman, tu crois que Dieu va le reconnaître ?

Martin revient voir l'agent funéraire qui l'a reçu ce matin. Il n'avait pas pensé à choisir une tenue pour habiller sa défunte épouse. Alors, en ce début d'après-midi du mois de novembre, il l'apporte.

– Tenez, précise-t-il en la remettant à l'employé, voici une tenue d'été. Je ne voudrais pas qu'elle ait trop chaud dans les flammes.

Pendant l'entretien avec l'agent funéraire pour l'organisation de l'inhumation de Marcel, un retraité de 85 ans, la veuve est exubérante. Elle fait de grands gestes, commente grossièrement la mort de son époux, semble ne pas avoir de peine. Ses propos sont parfois déplacés. Des flots de paroles sortent de sa bouche. Elle paraît intarissable. Tout à coup, elle ajoute :

– Lui qui me disait toujours : « Va au diable ! », eh bien, finalement, c'est lui qui y va !

†

Ce jour-là, l'assistant funéraire avait déjà pris en charge deux familles endeuillées lorsqu'un couple d'une quarantaine d'années pousse la porte de l'agence de pompes funèbres, visiblement très éprouvé par le décès de la mère de la jeune femme. Alors, très courtois et diplomate, l'employé des pompes funèbres trouve les mots apaisants en de telles circonstances.

Après avoir monté le dossier d'inhumation, l'assistant funéraire invite le jeune couple à venir choisir un cercueil. Il en choisit un magnifique en chêne et détermine la couleur du capiton. Ensuite, l'employé des pompes funèbres reconduit le couple dans son bureau mais, au moment où il va ouvrir la porte, la femme lance :

– Excusez-moi, monsieur, je voudrais vous demander quelque chose, mais j'aimerais que vous ne riiez pas.

Surpris, mais très attentif, l'assistant funéraire répond :

– Allez-y, madame, je vous écoute.

– Voilà ! poursuit la femme, toute sa vie, ma mère a eu une grande peur du noir. C'était une phobie. Alors pourriez-vous lui mettre une torche dans son cercueil ?

– Bien sûr, madame.

Le jour de la mise en bière, c'est donc sans surprise que le maître de cérémonie voit la fille de la défunte sortir une torche de son sac et lui tendre en disant :

– Tenez. Je vous ai averti, l'autre jour, que j'apporterais une torche pour mettre dans le cercueil de ma mère. La voici !

Le maître de cérémonie saisit alors la lampe et la dépose dans le cercueil.

Mais, lorsque les porteurs attrapent le couvercle de la bière pour la fermer, la femme s'écrie :

– Attendez ! Vous n'avez pas allumé la torche ! Maman va avoir peur dans le noir !

†

En ce jour d'automne pluvieux et particulièrement froid, nous enterrons Antoine, un homme peu estimé dans la commune. Alors, à son inhumation, peu de personnes se sont déplacées. Cependant, le prêtre officie comme il se doit et dit :

– Aujourd'hui, nous pleurons celui qui nous a quittés…

Choquée par ces paroles, la veuve ne peut s'empêcher de lancer :

– Mais non ! Pas du tout !

†

Les boyaux de l'employé des pompes funèbres commencent à se manifester.

– Dans dix minutes, se dit-il, je vais pouvoir les contenter.

La matinée a été calme et l'employé funéraire en a profité pour peaufiner l'inhumation du lendemain.

Tout à coup, le téléphone sonne. Après avoir décroché, l'employé des pompes funèbres comprend qu'il devra sauter son repas. Un décès est intervenu à Neuilly et la famille lui demande de venir immédiatement.

Sans perdre de temps, il se rend donc au domicile du défunt. Lorsqu'il arrive sur place, il découvre qu'il est dans un quartier particulièrement bourgeois et la maison dans laquelle il entre offre un luxe inouï.

L'entretien dure plus d'une heure et, après avoir repéré la chambre du défunt, il est convenu de revenir dans la soirée pour apporter les accessoires mortuaires.

Vers 17 heures, l'employé des pompes funèbres retourne donc à la propriété avec deux collègues. Ensemble, ils installent le Christ, les cierges et le bénitier, qu'ils remplissent d'eau bénite.

Après leur travail, ils invitent la veuve à venir voir l'installation. Celle-ci semble ravie et s'apprête à quitter la chambre lorsque, subitement, elle revient sur ses pas et lance :

– Attendez ! Qu'avez-vous mis dans le bénitier ?

– De l'eau bénite, madame.

– De l'eau bénite ! s'écrie-t-elle, scandalisée. Non ! Retirez-moi cela tout de suite ! Je vais vous chercher une bouteille de champagne et vous en remplirez le bénitier. Je tiens à ce que mon mari soit béni avec sa boisson préférée.

†

Une quinquagénaire entre dans une agence funéraire, le sourire aux lèvres. Pourtant, son mari vient de décéder. L'employé des pompes funèbres qui la reçoit lui dit :
– Je vous présente mes sincères condoléances, madame.
– Ne vous inquiétez pas, monsieur, je suis plutôt contente.

†

– Bonjour, dit le vieil homme qui vient d'entrer dans une agence funéraire, je viens pour un ensevelissement.

†

À la messe d'inhumation d'Armand, un petit garçon ne comprend pas ; le prêtre vient de dire :

– Dieu a rappelé Armand auprès de lui.

Alors il demande :

– Pourquoi dit-il cela, maman, alors que tu dis tout le temps que tonton est le bon Dieu ?

†

Dans la salle d'exposition des cercueils, après l'avoir laissée regarder, l'agent funéraire s'adresse à la famille :

– Avez-vous choisi un cercueil, messieurs dames ?

– J'aime bien ce cercueil en chêne, déclare une femme aux autres membres de la famille.

– Mais enfin, Mireille, tu n'y comptes pas ! rétorque un homme, outré. Nous n'allons tout de même pas lui acheter un beau cercueil ! Il est aveugle, il ne le verra pas !

†

À l'inhumation de l'ancienne boulangère du village, il y a du monde. Alors, au moment de la bénédiction du corps, la file est longue.

Une vieille dame, petite et courbée, prend le goupillon que lui tend un jeune homme, fait un geste désordonné, met une pièce dans la corbeille à offrandes et reprend la file. Elle renouvelle cette opération une deuxième fois, une troisième fois et continue jusqu'à ce que tout le monde ait béni le corps. Puis, désemparée, elle se renseigne auprès du maître de cérémonie :

– Il n'y a plus personne : que dois-je faire, maintenant ?

Une femme entre dans une agence funéraire et dit :
– Bonjour, je viens pour l'enterrement de mon mari.
– Oui. Je vous présente mes sincères condoléances, madame.
– Je vous remercie, mais mon mari n'est pas encore mort.
– Mais vous m'avez bien dit...
– Que je venais pour l'enterrement de mon mari, oui. Les médecins m'ont dit qu'il n'en avait plus pour longtemps.
– Dans ce cas, il faudrait revenir me voir quand votre époux sera décédé.
– Euh non ! Moi, je prépare toujours tout à l'avance. Je n'attends jamais le dernier moment car, dans la précipitation, on fait tout de travers et l'on oublie toujours la moitié des choses.

†

Une dame âgée entre dans une agence de pompes funèbres pour préparer l'inhumation de son mari, décédé de vieillesse. Prévoyante, elle tend un sac à l'employé qui la reçoit et dit :
– Je vous ai apporté des bandes pour le momifier.

†

L'assistant funéraire parcourt le couloir du funérarium pour vérifier si la mise en bière d'Alphonse est préparée. Ainsi, il pourra faire entrer la famille. Il passe alors la tête devant un salon de présentation, dont la porte est restée ouverte. Machinalement, il jette un coup d'œil à l'intérieur. Surpris, il s'arrête. La pièce est plongée dans le noir, alors, est-ce une hallucination ? Il cligne des yeux, comme pour effacer une vision. Mais non ! Il ne rêve pas ! Et, pour s'en assurer tout à fait, il allume la lumière. C'est bien vrai : là, dans le cercueil, repose… le Père Noël !

†

Après l'inhumation de Jean, les gens bavardent au cimetière.

Une dame dit à la veuve :

– La mort a fini par le rattraper.

Le petit-fils du défunt, un garçonnet d'environ 6 ans qui a tout entendu, demande alors à sa grand-mère :

– Pourquoi ? Ils faisaient une course ?

†

– Allô ! Les pompes funèbres ? demande une vieille dame à l'assistant funéraire qui vient de décrocher le téléphone.

– Oui. Puis-je vous aider, madame ?

– Certainement. Voilà ! Je me demandais si, à ma mort, vous pourriez piquer mon berger allemand pour le mettre dans mon cercueil ?

†

Un homme s'entretient du déroulement de l'inhumation de sa femme avec un agent funéraire. Ce dernier lui demande :

– Souhaitez-vous que nous lui fassions les soins de conservation, monsieur ?

– Pour quoi faire ? Vous croyez que les vers vont le savoir ?

†

– Bonjour, madame, dit une jeune veuve en entrant dans le magasin de pompes funèbres. Je voudrais une plaque, s'il vous plaît.

– Oui. Quel genre de plaque désirez-vous, madame ?

– Je ne sais pas. C'est pour mon époux.

– Quel prix vous êtes-vous fixé ?

– Oh ! Le moins cher possible !

La jeune femme choisit, effectivement, la plaque funéraire la moins chère du magasin puis demande un conseil :

– Que puis-je mettre comme inscription dessus ?

– « À mon époux », répond la vendeuse.

– Oui, c'est cela ! Mettez-moi « À mon époux ».

– Et puis, continue la vendeuse, il vous reste une place. Vous pourriez ajouter une autre inscription, comme « regretté », par exemple.

– Ah non ! Surtout pas ! rétorque la jeune femme, comme un cri sortant du cœur.

†

Une jeune enfant accompagne sa mère à l'agence funéraire. Leur père et mari est décédé et il faut préparer les obsèques. L'employé des pompes funèbres demande :

– Où voulez-vous l'enterrer, madame ?

– On va l'enterrer ? s'étonne la fillette. Comme un trésor ?

†

Marcel était facteur. À 57 ans, il a fait toute sa carrière à La Poste et était aimé de tous. Ses collègues le respectaient et ses clients l'estimaient beaucoup. Sa réputation n'était plus à faire. Alors, lorsque subitement il a été terrassé par une crise cardiaque lors de sa tournée, le choc a été violent pour tout le monde.

Aujourd'hui, à son enterrement, tous ont voulu lui rendre un dernier et vibrant hommage. Beaucoup de ses clients sont là et tous ses collègues ont répondu présents, les facteurs ayant revêtu leur tenue de travail.

Juste avant le début de la cérémonie à l'église, l'un d'eux se dirige vers le maître de cérémonie, une boîte aux lettres à la main.

– Excusez-moi, monsieur, lui dit-il, pourriez-vous déposer cette boîte aux lettres sur la tombe de notre collègue, s'il vous plaît ?

– Bien sûr, monsieur. Ce sera fait.

Heureux de cette approbation, le facteur rejoint ses collègues et, ensemble, ils s'engouffrent dans l'église.

Après la cérémonie funèbre, le cercueil est déposé sur sa tombe. La boîte aux lettres est là, au pied du caveau. Dans l'assemblée, certains sourient, mais tous approuvent le symbole.

Après les prières et le moment de recueillement, chacun est invité à venir bénir le cercueil. Alors, lorsque leur tour arrive, les facteurs bénissent le corps et jettent une lettre dans la boîte aux lettres.

†

Marie est venue pour organiser les funérailles de son mari. Elle ne semble pas attristée par l'événement et est pressée de se débarrasser de cette tâche. Cependant, sans doute pour faire bien vis-à-vis de son entourage, elle souhaiterait un objet funéraire pour mettre sur la tombe. L'employé des pompes funèbres lui montre alors ce qu'il a en magasin.

– Nous avons des plaques, des statues, des Vierges...

– Non. Vous n'avez pas plutôt des diables ?

†

Une veuve, reçue par un employé des pompes funèbres pour l'inhumation de son mari, s'inquiète :

– Vous croyez que Dieu va accepter mon mari ? Avec tout ce qu'il a fait, s'il me le renvoyait ?

†

À l'agence funéraire, l'employé décroche le téléphone qui vient de sonner et entend :

– Allô ! J'appelle pour une crémaillère (comprendre « crémation »).

†

À l'inhumation de Bernard, il y a beaucoup de monde. C'était une personnalité dans ce petit bourg de campagne. Alors il faut se montrer à l'enterrement.

Au cimetière, après la descente du cercueil au caveau et les hommages au défunt, les discussions vont bon train. Ainsi, deux mères de famille discutent. L'une d'elles dit :

– Tu te souviens de Christophe ?

– Oui. Notre petit-cousin.

– Oui. Eh bien, il paraît qu'il a perdu sa femme il y a deux ans.

À ces paroles, l'un des enfants, qui écoutait, réplique :

– Et il ne l'a pas encore retrouvée ?

†

À la mise en bière de sa mère, une jeune femme ne cache pas son inquiétude à son père :
– Myope comme elle est, tu crois qu'elle va reconnaître Dieu ?

†

Dans la salle d'exposition des cercueils, l'agent funéraire demande à la jeune femme, venue pour l'organisation des obsèques de son père :

– Avez-vous choisi un cercueil, madame ?

– Non. Mettez-moi le plus étroit possible car, avec la famille qui va se déchirer pour la succession, je ne veux pas que mon père se retourne dans sa tombe !

†

Dans une agence funéraire, un homme simple d'esprit, perturbé par le décès de son épouse, répond mécaniquement aux questions de l'employé. À aucun moment il ne dit une parole autre que ce que lui demande l'agent. Le dossier d'inhumation est donc rondement mené et l'employé invite l'homme à venir choisir un cercueil.

Arrivé dans la salle d'exposition, l'homme regarde rapidement chaque cercueil et désigne l'un des plus modestes.

Alors qu'il s'apprête à quitter la salle, il demande cependant :

– Pendant la cérémonie religieuse, où se trouvera le cercueil ?

– Devant l'autel, monsieur.

– Devant l'hôtel ? reprend-il, étonné. Quel hôtel ? Celui de la Plage ou des Pêcheurs ?

†

À la mise en bière de Martin, un jeune voyou connu pour ses nombreux méfaits et mort dans une bagarre, le commissaire de police est présent pour apposer les scellés sur son cercueil.

En le voyant, la mère du défunt s'étonne et lui demande :

– Vous venez encore l'arrêter ?

Un employé des pompes funèbres reçoit un homme qui vient de perdre sa femme. Il lui demande :

– Date de décès ?

– Hier, vendredi 13 août. Cela lui a porté malheur. Mais, maintenant, j'espère que cela lui portera chance d'être décédée à une telle date.

†

Un homme apporte au funérarium les vêtements à mettre à sa femme décédée et précise à l'employé :
– Surtout, faites très attention en la soulevant car elle souffre du dos.

†

Un homme entre dans une agence de pompes funèbres. C'est un ancien agriculteur, qui vient pour organiser l'inhumation de son épouse.

À peine installé dans un salon d'accueil, il ouvre le sac en plastique qu'il tient à la main et dit :

– Je vous ai apporté de l'insecticide.

– Euh... oui. Pourquoi ?

– Eh bien, pour ne pas que ma femme soit mangée par les vers, évidemment !

Après avoir rempli le dossier pour l'inhumation de Josiane, décédée dans la nuit, l'employé des pompes funèbres invite son mari à venir choisir un cercueil.

Dans la salle d'exposition, ce dernier les inspecte un à un avant de demander :

– Tous vos modèles sont là ?

– Oui, monsieur. Pourquoi ? Aucun n'est à votre goût ?

– Ce n'est pas cela, mais si vous voulez que mon épouse entre là-dedans, il va falloir lui retirer ses faux seins !

Une femme arrive au funérarium et demande à voir son époux. Après l'avoir fait patienter quelques minutes, un employé l'introduit dans une chambre funéraire. Elle s'approche de son mari, le regarde et, surprise, lance à l'employé des pompes funèbres :

– Pourquoi n'a-t-il pas le masque de la mort ? Vous n'en avez plus ?

†

– Bonjour, dit poliment un homme qui vient d'entrer dans une agence funéraire, je viens acheter un cendrier (comprendre « urne cinéraire »).

†

À la mise en bière d'une femme de 82 ans, sa fille, après avoir examiné l'intérieur du cercueil, reproche à son père :

– Son parapluie ! Tu ne lui as pas mis son parapluie ! Elle ne sortait jamais sans lui !

– Tu sais, je ne sais pas s'il pleut au ciel.

†

Une vieille dame entre dans une agence funéraire pour l'organisation des funérailles de son mari, Alexis, décédé à l'âge de 75 ans. Après cinquante ans de vie commune, elle a du mal à réaliser que son cher époux ne partagera plus sa vie. L'agent des pompes funèbres qui la reçoit la laisse s'épancher. Il a l'habitude de servir de confident. Ainsi, tout en remplissant le dossier funéraire, il écoute la veuve qui, soudainement, précise :

– Ce qui m'effraie, c'est de savoir qu'il y a plein de monde là-haut. Mon mari a horreur de la foule.

†

Jean-Marie est décédé chez lui et la famille a demandé qu'un employé des pompes funèbres se déplace à domicile pour organiser les obsèques.

Après avoir noté l'adresse, l'agent funéraire se rend donc chez le défunt.

Sa veuve l'attendait avec impatience, comme si, les obsèques non organisées, le mort pouvait se réveiller.

Avant de remplir le dossier, l'employé demande à voir la dépouille. Celle-ci repose sur le lit conjugal, les mains croisées sur la poitrine, un chapelet entre les doigts. L'agent funéraire propose alors de venir installer les accessoires mortuaires dans la soirée, lorsque les soins de conservation auront été faits. La veuve acquiesce car elle semble vouloir que la mise en place des funérailles s'accélère. Cela paraît la tranquilliser.

En fin d'après-midi, l'employé des pompes funèbres retourne donc chez la veuve avec deux collègues.

Après avoir installé les accessoires, ils invitent la veuve à venir voir la chambre mortuaire pour savoir si tout lui convient. Elle s'extasie :

– Oh oui ! C'est parfait ! Mais quand le mettrez-vous dans son cercueil ? J'aimerais que les gens viennent le bénir dans son cercueil.

– Comme vous voudrez, madame. Demain, en fin de matinée, vous conviendrait-il ?

– Oh oui ! Ce sera parfait !

Le lendemain matin, la mise en bière a donc lieu. La veuve est ravie de la qualité de la prestation et ne tarit pas d'éloges auprès du personnel funéraire. Cependant, après avoir longuement admiré son mari dans son cercueil, elle se retourne, regarde au pied du lit et, choquée, lance :

– Mon Dieu ! Vous devez absolument retirer l'armoire. Mon mari va être traumatisé de se voir mort dans la glace !

†

L'agent funéraire qui reçoit la veuve de celui qu'il doit enterrer est très patient. La dame, petite et bien en chair, est particulièrement bavarde. Alors il a du mal à poser les questions essentielles pour remplir son dossier, mais, comme il n'a aucun rendez-vous de prévu par la suite, il a tout son temps. C'est donc avec attention et amusement qu'il écoute la dame, qui ne cesse de lui raconter des anecdotes sur son mari.

Finalement, le dossier est rempli et il emmène la dame dans la salle d'exposition des cercueils. La veuve regarde rapidement chacun d'eux puis déclare :

– Je reviendrai en choisir un cet après-midi.

L'employé des pompes funèbres ne commente pas ce choix car il pense que la veuve, indécise, va revenir avec une personne pour avoir un avis.

L'après-midi, dès l'ouverture de l'agence, c'est donc avec un sourire qu'il voit arriver cette veuve énergique. Contrairement à ce qu'il croyait, elle est seule. D'emblée, elle demande à revoir les cercueils.

Arrivée dans la salle d'exposition, elle ouvre son sac et en sort un mètre, qu'elle déroule largement. Elle se plante devant le premier cercueil, en pin, et le mesure. Elle recommence l'opération devant le cercueil suivant, en chêne, et mesure ainsi tous les cercueils.

Après avoir mesuré le dernier, étonnée, elle constate :

– Mais je ne comprends pas : ils font tous la même grandeur.

– Oui, madame. Ils sont conçus pour que la majorité des personnes puisse y entrer.

– Ah ! Mais mon mari mesure 1,90 mètre. Vous n'avez pas peur qu'il soit à l'étroit ?

Le moment est venu de bénir le corps de Julia. Chacun se lève et se met en file, face au cercueil.

Une dame prend le goupillon, fait le signe de croix, le repose dans le bénitier et dépose brusquement un billet de 5 euros dans la corbeille à offrandes. Malheureusement, ce geste brutal fait basculer la corbeille, qui se renverse. Le bruit des pièces roulant sur le sol résonne dans toute l'église et couvre celui de la musique funèbre. Le prêtre fait un geste désespéré, alors que l'assistance s'arrête de bénir. Le maître de cérémonie, devant des dizaines de paires d'yeux qui le fixent, se précipite vers la multitude de pièces et de billets qui, déjà, s'immobilisent un peu partout...

Une femme d'une cinquantaine d'années entre dans une agence funéraire. Elle ne semble pas peinée et l'employé funéraire pense qu'elle vient acheter des fleurs ou une plaque. En effet, elle lui lance aussitôt, avec un air satisfait :
– Ça y est ! Mon mari est à la retraite !
– C'est bien ! lui répond poliment l'agent funéraire. Il doit être content. Il va pouvoir faire tout ce qu'il veut, aller à la pêche...
– Ah bon ? Vous croyez ? Parce que cela m'étonnerait que, là où il est, il puisse pêcher.
– Pourquoi ? Il n'y a pas d'eau ?
– Il est au ciel, monsieur !

†

À l'agence des pompes funèbres, une maman explique à son jeune fils :
– Ton papa est au ciel maintenant.
– Mais il ne sait pas voler !

†

Le cercueil de Gaston vient d'être descendu dans la fosse. Famille et connaissances sont présentes pour lui rendre un dernier hommage. Lorsque chacun a jeté une poignée de terre sur son cercueil, le marbrier et son équipe remblaient le trou. Un vieil homme les regarde faire et dit à son voisin :

– Ça y est ! Cette fois, il va manger les racines, le Gaston !

– Eh bien ! répond son interlocuteur, cela va le changer ; d'habitude, il les plante !

Un employé funéraire s'adresse à la famille qu'il reçoit pour l'inhumation du mari et père :

– Quel jour souhaitez-vous que nous l'enterrions ?

– À la lune montante ! lance l'un des fils. Comme cela, il arrivera plus vite au ciel !

À la messe d'inhumation de Jean, le prêtre dit :

– Dieu a rappelé Jean auprès de lui.

Alors, dans l'assemblée, quelqu'un lance :

– Pourtant, depuis le temps qu'il rappelle du monde auprès de lui, il ne doit plus avoir de place !

†

La mise en bière d'Olivier a lieu le 23 décembre. Sa famille arrive à l'heure et un agent funéraire la conduit dans la chambre funéraire préparée à cet effet. Juste avant d'entrer, l'un des fils du défunt demande, étonné, à un employé des pompes funèbres :
– Vous ne faites pas de sapin de Noël ?

†

Depuis dix minutes qu'il discute de l'organisation des obsèques de Michèle avec l'agent funéraire, le veuf demande soudainement :
– On m'a dit qu'elle était dans l'au-delà. C'est vrai ?
– Oui.
– Dans l'au-delà de quoi ?

†

Deux trentenaires se présentent dans une agence de pompes funèbres, très pâles. Leurs parents viennent de décéder dans un accident de voiture.

Un agent funéraire les reçoit et commence à remplir le dossier d'inhumation. Pendant qu'il écrit les choix des deux fils sur sa feuille, l'un d'eux dit à l'autre, pour le consoler :

– Au moins, ils sont ensemble dans la mort.

– Cela m'étonnerait ! Papa arrivera le premier auprès de Dieu : il court plus vite.

†

– Allô ! Je suis bien aux pompes funèbres ? demande une voix féminine, nasillarde.
– Oui, madame.
Puis-je vous renseigner ?
– Oui, s'il vous plaît. Le médecin est passé pour mon mari. Il m'a remis un papier bleu et m'a dit d'aller vous voir. Mais je ne comprends pas pourquoi. Dites, monsieur,
vous croyez que mon mari est mort ?

†

À 22 ans, Martin est mort dans un accident de voiture, laissant anéanties sa famille et sa petite amie, Sylvie.

C'est donc effondrés que tous se retrouvent dans un bureau des pompes funèbres pour choisir les prestations de l'enterrement. À ce titre, Sylvie est consultée à toutes des étapes mais, encore sous le choc de cette mort violente, elle ne prend aucune décision, ne contrarie pas les choix faits, ne prononce aucun mot.

Le jour de la mise en bière, la salle est comble.

Sylvie, livide, pénètre dans la pièce derrière le maître de cérémonie. Ses larmes s'assèchent peu à peu et elle se calme tout à fait.

Soudain, à la stupéfaction de tout le monde, elle se dirige vers l'assistant funéraire et, posément, lui demande :

– Monsieur, puis-je vous demander un service ?

Étonné d'entendre le son de sa voix pour la première fois, il répond :

– Je vous en prie, mademoiselle. Que puis-je faire pour vous être utile ?

Sylvie ne répond pas tout de suite, mais fouille dans sa poche. Elle en sort, devant les yeux ébahis de toute l'assemblée, deux petites boîtes de taille égale.

– Monsieur, répond-elle enfin. Martin et moi allons nous marier. Pouvez-vous m'aider ?

De plus en plus surpris, ainsi que chaque personne présente, le maître de cérémonie, qui ne marque pas son étonnement, répond simplement :

– Bien sûr, mademoiselle.

Semblant soulagée, Sylvie se dirige alors vers Martin et commence son monologue :

– Sylvie, voulez-vous prendre pour époux Martin Gilbert Jacques G. ? Oui, je le veux. Martin, voulez-vous prendre pour épouse Sylvie Martine Olivia L. ? Oui, je le veux.

Sylvie s'arrête alors momentanément, sort une alliance d'une des deux boîtes, la passe au doigt de Martin puis se tourne vers le maître de cérémonie et lui demande :

– Pouvez-vous la lui mettre jusqu'au bout ?

L'assistant funéraire s'exécute. Sylvie ouvre alors la seconde boîte, en sort l'alliance et la glisse à son doigt. Puis elle poursuit son monologue :

– Martin et Sylvie, je vous déclare mari et femme. Martin, je te jure fidélité.

Elle se penche alors vers Martin et lui dépose un baiser sur les lèvres.

†

Par un bel après-midi estival, l'employé funéraire décroche le téléphone qui vient de sonner.
– Allô ! entend-il. De quelle couleur sont tes pompes ?

Un agent funéraire est appelé à domicile pour régler l'organisation des funérailles d'une femme décédée chez elle.

Après avoir vu le corps, il demande le certificat de décès. Le veuf lui tend le document et ajoute le passeport en disant :

– Voilà tous ses papiers. Mais où dois-je faire faire le visa ?

Les gens défilent lentement devant le registre de condoléances et quittent aussitôt l'église, tandis qu'un porteur introduit des pages vierges au fur et à mesure que les précédentes se remplissent.

Soudain, un homme se dirige vers le maître de cérémonie et l'interpelle :

– Excusez-moi, monsieur, mais pouvez-vous m'expliquer ce qu'écrivent tous ces gens dans le cahier ?

†

Une vieille Gitane pénètre dans le magasin des pompes funèbres et prévient d'emblée l'employé qui la reçoit qu'elle vient régler sa facture, d'un montant d'un peu plus de 3 200 euros.

L'employé l'invite alors à l'accompagner dans un salon d'accueil, où elle s'assoit confortablement sur l'une des chaises. Elle précise aussitôt :

– Je vous paie en espèces.

Alors, sous le regard époustouflé de l'assistant funéraire, elle se lève, soulève sa longue jupe évasée, puis son premier jupon, son deuxième jupon, son troisième jupon, se ravise et rabaisse son troisième jupon. Là, attachée à son deuxième jupon, elle retire une grosse bourse en tissu remplie de pièces de toutes sortes et de billets de 5, 10 et de 20 euros !

Au cimetière, une dame explique à sa fille :

– Ta mamie est partie rejoindre ton papy.

– Pourquoi elle n'y est pas allée plus tôt, maman ? s'étonne l'enfant. Elle ne savait pas où il était ?

Une femme se confie à l'agent funéraire qui la reçoit pour les obsèques de son époux :
– Je ne sais pas comment va faire mon mari. Il a toujours haï les voyages. Son univers s'arrêtait à sa maison.

†

Après l'inhumation de Simon, le maître de cérémonie remet le registre de condoléances à la veuve. Aussitôt, irritée, elle lance :
– Non ! Gardez-le. Je ne veux aucun souvenir de mon mari !

†

Il y a plusieurs années, les soins de conservation n'étaient pas aussi performants qu'actuellement. Ainsi, certaines personnes qui en bénéficiaient devenaient vertes à cause du traitement qu'elles prenaient de leur vivant.

Un jour, une veuve fait faire les soins de conservation à son mari. Le lendemain, accompagnée de sa fille, elle demande à se recueillir devant la dépouille de son époux. Elles s'approchent sans bruit du défunt et, arrivées à sa hauteur, la fille lance à sa mère :
– Tiens ! Il est déjà arrivé sur Mars !

†

Arlette entre dans une agence de pompes funèbres et explique à l'employé qui la reçoit que, son mari étant décédé ce matin, elle voudrait l'inhumer très vite.

L'agent la fait asseoir dans un petit salon de réception et commence à monter le dossier. Un peu plus d'une heure plus tard, après avoir fait choisir un cercueil à la dame, il demande :

– Souhaitez-vous apporter d'autres vêtements pour la mise en bière ?

– Oh ! Je peux ?

– Bien sûr, madame, vous pouvez.

– Dans ce cas, je vous en apporterai en fin d'après-midi.

– Entendu.

– Je peux apporter ce que je veux ?

– Oui, madame.

– Je peux aussi apporter des choses à mettre dans le cercueil ?

– Absolument.

– Oh ! merci, monsieur !

Pour un peu, elle aurait embrassé l'employé funéraire.

En fin d'après-midi, comme convenu, Arlette revient à l'agence avec un gros sac à la main. Elle explique à l'employé tout ce qu'il contient. Rien ne manque : elle a même pensé à prendre des sous-vêtements.

Alors que l'employé prend le sac que lui tend Arlette, elle sort soudainement une feuille de papier pliée en quatre de sa poche et ajoute :

– Comme vous m'avez dit tout à l'heure que je pouvais mettre des objets dans le cercueil de mon mari, je vous ai apporté cela. Vous pourriez mettre ce message dans les mains de mon mari pour qu'il pense à le remettre à Dieu ?

– Bien entendu, madame. Ce sera fait.

– Je vous remercie infiniment, monsieur, car c'est très important.

L'agent funéraire se saisit de la feuille de papier et la met dans le sac, avec les affaires du défunt.

Lorsque la dame est partie, il sort le papier du sac, l'ouvre et lit :

« Seigneur, fais-moi gagner au loto.

Arlette L.

523, chemin de la Vierge

59620 Saint-Germain-du-Bosc »

En lisant ces mots, il sourit.

Deux jours plus tard, il est présent, comme il se doit, à la mise en bière.

Malgré la présence de ses proches, à peine entrée dans la salle, la veuve se dirige vers le cercueil, soulève le drap et vérifie que son mari tient bien la feuille de papier. Rassurée par sa présence, elle s'adresse à son époux :

– Surtout, n'oublie pas de donner mon message à Dieu. Je compte sur toi, hein ?

†

Seules trois personnes sont présentes à la mise en bière de Christophe : sa femme et ses fils. Personne ne parle et un silence de plomb règne dans la pièce. Soudain, la femme s'écrie :

– Ah ! J'allais oublier ! J'ai apporté une bombe anti-agression. Il faut que je lui mette dans le cercueil pour qu'il puisse se défendre contre le diable.

Un homme arrive au funérarium, où vient d'être transporté le corps de sa femme. Il s'inquiète auprès de l'employé qui le reçoit :

– Qui les veille la nuit ?

– Personne, monsieur.

– Ah ! fait-il, étonné. Et en cas de besoin ?

†

Alors qu'elle est reçue par un agent funéraire pour l'inhumation de son mari, une femme, après avoir rempli les papiers, demande :

– J'ai apporté son parfum préféré. Pourriez-vous lui mettre, s'il vous plaît ? Mon mari adore sentir bon.

†

**À la mise en bière d'Alphonse,
sa veuve sort un gros paquet
de gros sel et commence à en disperser
partout dans le cercueil.
Son fils, étonné, lui demande :
– Mais que fais-tu, maman ?
– J'éloigne les mauvais esprits.**

†

Après la mise en bière de Luc, la veuve demande à accompagner son mari dans le corbillard. Pourtant, nombreuse est la famille. Elle peut donc demander à être transportée par une personne de sa connaissance. Mais non ! Elle veut accompagner son défunt mari tout au long de son dernier voyage. Le maître de cérémonie l'accepte donc près de son équipe, sur la banquette arrière. C'est d'autant plus possible que deux corbillards ont été prévus pour transporter les innombrables fleurs. À l'arrière du véhicule mortuaire, le cercueil a pris place, entouré de nombreuses présentations florales et de plaques.

Dès que tout le monde est installé, les corbillards démarrent, suivis des voitures de la famille. L'église est à une quinzaine de kilomètres, mais le corbillard qui transporte le corps avance lentement, pour ne pas perdre de voitures en route. Et puis, il y a le respect du mort.

Soudain, dans une descente, un bruit sec se fait entendre sur la paroi qui sépare le cercueil des porteurs et de la veuve. Celle-ci sursaute et crie :

– Arrêtez-vous ! Mon Luc n'est pas mort ! Il vient de frapper sur le couvercle du cercueil !

– Mais non, madame. Ce n'était pas votre mari, lui répond gentiment le maître de cérémonie.

– Arrêtez-vous, je vous dis ! Mon mari n'est pas mort ! J'en étais sûre ! Il veut qu'on lui ouvre !

– Madame, calmez-vous. Je sais que vous avez beaucoup de chagrin, mais ce n'était pas votre mari.

– Je veux que vous ouvriez le cercueil ! Je vous dis que c'était lui !

– Non, madame, vous faites erreur. Et puis, nous n'avons pas le droit d'ouvrir le cercueil ; il est scellé.

– Mais c'est un cas de force majeure !

– Madame, seul un commissaire de police pourrait ouvrir le cercueil.

– Alors appelez-le !

– Je regrette, madame, mais votre mari est bien mort.

– Mais vous avez bien entendu du bruit ! Je ne suis pas folle !

– Madame, calmez-vous, s'il vous plaît. Nous ne pouvons rien faire pour votre mari. J'en suis désolé.

– Mais enfin ! Vous ne comprenez pas que vous êtes en train de l'assassiner ! Il va finir par manquer d'air ! Je veux que vous ouvriez le cercueil !

Finalement, la veuve devenant de plus en plus hystérique et agressive, le maître de cérémonie demande à son chauffeur de se garer dès qu'il le pourra.

Quelque temps plus tard, tous aperçoivent un parking et le maître de cérémonie prévient la femme qu'ils vont se garer pour vérifier ses dires.

Une fois stoppés, la veuve saute du corbillard et le maître de cérémonie en descend également.

Derrière, chacun se demande ce qui se passe et la famille commence à descendre de voiture également.

Alors que certaines personnes se dirigent vers la veuve, celle-ci leur crie :

– Mon Luc n'est pas mort ! On vient le délivrer !

Le maître de cérémonie ouvre la portière arrière et monte dans le corbillard.

– Vous voyez, madame, dit-il à la veuve qui essaie également de monter, il n'y a aucun bruit.

– Évidemment ! Vous ne lui avez pas ouvert quand il a frappé, alors, maintenant, il s'est évanoui !

– Madame, je vous en prie, votre époux n'a jamais frappé.

– Si ! Il a frappé ! D'ailleurs, je vais frapper aussi et, vous allez voir, il va répondre.

La veuve tambourine alors fortement sur le cercueil mais, évidemment, aucune réponse ne lui vient en écho. Alors elle crie, tout en continuant de frapper :

– Luc, c'est moi, Joséphine. Je t'en prie, réponds-moi !

Personne ne répond. Alors la veuve hurle, hystérique :

– Vous n'avez pas voulu ouvrir ! Maintenant, il est mort, c'est de votre faute !

– Mais, madame, regardez, lui répond gentiment le maître de cérémonie. Le bruit que vous avez entendu provenait de cette plaque. Elle a glissé et s'est cognée le long de la paroi.

Alors, déçue mais résignée, la veuve s'écroule, en pleurs, sur le cercueil.

†

À la vieille femme, venue pour organiser l'inhumation de son époux, l'employé des pompes funèbres dit :

– J'aurais besoin de votre livret de famille, madame.

– Ah oui ! Je vous l'apporterai cet après-midi.

L'après-midi, dès l'ouverture de l'agence funéraire, la dame revient. L'employé des pompes funèbres qui l'a reçue le matin la reconnaît et va au-devant d'elle. Elle tient à la main un sac en plastique. Elle l'ouvre et en sort... un album de photos de famille !

†

Le jour de l'enterrement de Denis, il fait un froid glacial. Cependant, dans ce petit village lorrain, il y a modérément du monde dans l'église minuscule et le prêtre prêche devant un public particulièrement attentif. Trois quarts d'heure après le début de la messe, la foule peut bénir le corps, signer le registre de condoléances et sortir de l'église. Alors qu'elle s'apprête à quitter l'édifice cultuel, une femme lance à sa voisine :

– Brrr... Cette messe était mortelle !

†

Une dame entre dans une agence funéraire et dit :

– Bonjour, je viens pour l'enterrement de mon mari.

– Oui. Vous voulez bien me suivre ?

La femme suit donc l'employé des pompes funèbres dans un petit salon, où l'organisation des funérailles pourra être mise sur pied.

Après les rituelles questions sur l'identité du défunt, l'employé demande :

– Vous souhaitez l'inhumer ?

– Surtout pas ! lance la dame, choquée d'une telle question. Mon mari était un fervent écologiste et il disait toujours que mettre les choses en terre pollue.

– Dans ce cas, il sera incinéré.

– Ah non ! Encore moins ! Mon mari disait qu'il n'y avait rien de pire que les feux de cheminée pour produire du gaz carbonique !

†

Le lendemain de la crémation d'Édouard, une veuve se rend aux pompes funèbres. Elle est accueillie par un employé qui s'empresse au-devant d'elle. Elle lui dit :

– Bonjour. Je voudrais voir le maître de cérémonie qui s'est occupé de l'inhumation de mon mari, hier.

– Oui. Je vais vous demander de patienter quelques minutes. Je vais voir s'il peut vous recevoir.

Quelques minutes plus tard, le maître de cérémonie se présente et lui dit :

– Bonjour, madame. Je peux vous être utile ?

– Non. Je viens juste vous informer que je vais porter plainte contre vous pour vol.

– Vous allez porter plainte contre moi pour vol ? Mais je vous ai volé quoi ?

– Les cendres de mon mari.

– Mais je ne vous les ai pas volées. Elles sont dans l'urne que vous avez achetée et que je vous ai remise.

– C'est bien cela que je vous reproche.

– Je ne comprends pas...

– Écoutez, monsieur. Mon mari mesurait 1,95 mètre et pesait 107 kilos. Vous n'allez pas me faire croire que toutes ses cendres sont dans l'urne !

†

Une septuagénaire se présente dans une agence de pompes funèbres. Son mari est décédé ce matin et elle doit organiser ses funérailles.

Un agent funéraire la prend en charge et commence à remplir le dossier. Tout à coup, tandis qu'il cherche le numéro de téléphone du prêtre, la dame dit :

– Je suis très inquiète, monsieur.

– Ah ? Pourquoi, madame ?

– Parce que c'est bien Dieu qui a envoyé mon mari sur Terre, n'est-ce pas ?

– Oui, madame.

– Eh bien, dans ce cas, comment va-t-il le reconnaître ? Depuis le temps, il a grandi, changé et vieilli. Ce n'est plus le même !

†

L'agent funéraire arrive dans une ferme perdue au milieu de la campagne. Il vente et le froid est mordant.

La veuve, qui guette son arrivée à travers les rideaux de la cuisine, se précipite pour venir lui ouvrir. Il est heureux de goûter la douce chaleur du foyer.

La vieille femme emmène directement l'employé des pompes funèbres dans sa chambre, où repose son défunt mari. Il est décédé il y a trois heures et il semble dormir paisiblement.

L'agent funéraire demande :

– Voulez-vous que nous lui fassions les soins de conservation, madame ?

– Et ensuite, vous le mettrez dans sa boîte de conserve ?

†

Un homme se présente à l'agence funéraire et explique qu'il souhaiterait faire incinérer sa femme, décédée quelques heures auparavant. L'employé lui demande :
– Que souhaitez-vous faire des cendres, monsieur ?
– Mais que voulez-vous que j'en fasse ? Jetez-les !

†

L'employé des pompes funèbres, qui reçoit le jeune couple venu le voir pour les obsèques de leur parente, demande s'il veut des faire-part.

– Oui, répond la jeune femme, mais nous aimerions que vous en fassiez un spécial, ainsi rédigé : « Si vous voulez vous montrer et faire semblant d'être tristes, nous vous informons que l'inhumation de votre mère et belle-mère aura lieu le 21 juin, à 14 heures, en l'église de Saint-Ouen. »

†

Une femme se présente dans une agence de pompes funèbres. Son mari est décédé dans la nuit et elle souhaite que ses obsèques aient lieu le plus rapidement possible. Visiblement, elle n'avait aucune considération pour celui qui a pourtant partagé sa vie. À un moment, elle dit :

– Lui qui a toujours eu un petit verre dans le nez, cette fois, il va en avoir plus d'un.

†

Une vieille dame discute avec un agent funéraire. Son mari est décédé dans la nuit et elle souhaiterait l'inhumer dans le petit cimetière de son village. L'employé des pompes funèbres lui demande :

– Quand voulez-vous l'inhumer, madame ?

– Le jour des morts.

– Mais, madame, ce n'est pas possible, c'est le 2 novembre et nous sommes en avril.

– Peut-être, mais moi, comment je vais faire pour me rappeler le jour de son enterrement ?

†

Une femme, venue régler les funérailles de son père, est inquiète :
– Mon père ne se déplace jamais sans son déambulateur. Comment va-t-il faire si on ne lui donne pas ?

†

À la mise en bière de Caroline, une femme de 40 ans décédée d'un cancer, il y a du monde. Famille et amis sont présents.

Chacun se recueille en silence. Seuls quelques reniflements dus aux pleurs se font entendre.

Tout à coup, une femme s'approche du cercueil et sort un trèfle à quatre feuilles de sa poche.

Elle le glisse sous le drap, sous le regard médusé de certains. Une femme demande alors :

– Que fais-tu ?

– Tu le vois bien : je mets un trèfle à quatre feuilles dans son cercueil.

– Oui, j'ai vu. Merci. Mais pourquoi fais-tu cela ?

– Eh bien… pour que cela lui porte chance, évidemment !

†

À la mise en bière d'Armand, sa veuve arrive avec six personnes, ses trois enfants et leurs conjoints. Ils entrent ensemble dans la chambre funéraire et s'approchent du cercueil sur la pointe des pieds. Visiblement, ils ne souhaitent pas faire de bruit.

Tout à coup, la veuve dit aux employés des pompes funèbres :

– Si vous le laissez couché sur le dos, il va ronfler !

†

– Bonjour, monsieur, dit un homme qui entre dans une agence de pompes funèbres. Faites-vous tous les articles pour les enterrements ?

– Oui, monsieur. Chez nous, nous faisons de tout.

– Dans ce cas, je voudrais une paire de chaussures noires pour aller à l'enterrement de ma belle-mère.

†

Romuald est décédé il y a trois jours et son corps arrive à l'église de la petite ville qu'il habitait. Le corbillard se gare près du porche et les employés des pompes funèbres en descendent. À ce moment-là, la veuve se dirige vers eux et leur reproche :
– Si Romuald avait vu que vous rouliez aussi lentement, il aurait râlé !

†

Un agent funéraire se rend au cimetière pour repérer la tombe de l'homme qu'il doit enterrer dans trois jours. Cela lui permet d'appréhender d'éventuels problèmes. Alors qu'il cherche la sépulture, une femme s'approche de lui et lui demande :
– Excusez-moi, monsieur, mais je cherche mon mari. Vous savez où il est ?

†

Un homme entre dans une agence funéraire pour organiser les funérailles de son épouse, décédée trop tôt d'un cancer. Très perturbé, il répond mécaniquement aux questions de l'employé des pompes funèbres. Cependant, alors que ce dernier fixe les horaires de la mise en bière, l'homme dit soudainement :
– C'est vrai, il faut que je vous apporte des vêtements. Le problème, c'est que je ne sais pas quoi apporter. Je ne sais pas quel climat il fait là-haut.

†

Après avoir rangé son dossier, l'assistant funéraire décroche le téléphone qui vient de sonner.

– Allô ! Bonjour, monsieur. Anne B. est-elle au sunérarium, s'il vous plaît ? questionne l'homme.

– Vous êtes de la famille, monsieur ?

– Oui. Je suis son mari.

– Ne quittez pas, monsieur. Je me renseigne immédiatement.

– Merci, monsieur.

Quelques minutes plus tard...

– Allô !

– Oui ?

– Votre épouse est bien au funérarium.

– Fantastique ! Merci beaucoup, monsieur ! explose de joie l'homme. Je suis tellement content ! Je l'ai enfin retrouvée ! J'ai dû appeler les hôpitaux, mais elle n'y était pas. Vous comprenez, j'avais tellement peur qu'il lui soit arrivé quelque chose ! Alors ils m'ont conseillé de vous appeler.

Puis, visiblement rassuré, sans s'interrompre, il poursuit :

– Excusez-moi, mais « sunérarium » s'écrit bien « S.U.N.E. » plus loin « R.A.R.I.U.M. » ?

– Non, monsieur. Cela s'écrit « F.U.N.E.R.A.R.I.UM. », en un seul mot.

– Ah, bien ! Je ne savais pas. Merci beaucoup ! Ah ! J'allais oublier de vous demander : ma femme va bien, n'est-ce pas ?

†

Une femme d'une soixantaine d'années arrive aux pompes funèbres pour organiser les obsèques de son époux. L'agent funéraire qui la reçoit lui pose les questions de routine mais, alors qu'il n'a pas terminé de remplir son dossier, la veuve lui demande :
– Je dois lui laisser son alliance ? Il faut peut-être qu'il arrive en célibataire là-haut.

À la mise en bière de René, sa veuve et ses trois enfants sont présents. Après une prière et un moment de recueillement, les employés funéraires s'apprêtent à fermer le cercueil. L'un d'eux apporte donc le couvercle et le pose dessus. Alors la femme du défunt s'écrie, horrifiée et paniquée :

– Mais il va manquer d'air ! Vous ne lui mettez pas un masque à oxygène ?

S'adressant à l'assistant funéraire qui les reçoit, l'un des fils de la défunte lui déclare tout à coup :

– Je suis sûr qu'il y a peu de gens qui, comme nous, rigolent autant dans votre bureau pour les obsèques de leur mère !

†

À la mise en bière d'un vieil homme, une femme s'approche d'un agent funéraire et lui dit :

– Mettez-lui sa canne dans le cercueil. Mon père, qui est aveugle, en aura besoin pour se déplacer, d'autant plus qu'il ne connaît pas encore les lieux. Je ne voudrais pas qu'il se cogne partout !

†

Après avoir béni le défunt, un homme fouille dans sa poche pour trouver l'offrande qu'il mettra dans la corbeille, à l'église, non loin du cercueil.

Il sort un billet de 5 euros et le jette dans la corbeille. Cependant, après son dépôt, au lieu de quitter l'église, il fouille la corbeille et en retire plusieurs pièces.

Le voyant faire, le maître de cérémonie s'approche de lui et lui dit :

– Vous savez, monsieur, que vous ne pouvez pas retirer de l'argent déposé dans la corbeille et le garder ? C'est pour l'église.

– Mais, monsieur, je voulais mettre 0,50 euro et je n'ai pas de monnaie ! Et puis, le prêtre aura moins de mal à compter sa recette comme cela !

†

Un employé des pompes funèbres reçoit un homme endeuillé par la mort subite de sa femme. Visiblement, l'homme semble peu instruit. Alors l'employé choisit ses mots avec soin. Après avoir rempli le dossier funéraire, il lui demande :
– Pouvez-vous me donner votre nom, s'il vous plaît ?
– Non, je le garde !

†

Une femme entre dans une agence funéraire et explique à l'employé qu'elle vient pour inhumer son mari. L'employé l'emmène dans un salon de réception et commence à monter le dossier.
Tout à coup, la femme lui demande :
– Ma fille m'a dit que mon mari allait retrouver ses parents. Vous y croyez, vous ?
– Oui.
– Mais enfin ! Soyez réaliste ! Cela fait plus de trente ans qu'ils sont morts ! Comment voulez-vous qu'ils reconnaissent leur fils ?

†

Un homme arrive dans une agence de pompes funèbres, furieux. Il crie :

– Je viens d'apprendre que vous avez volé ma femme ! Je viens la reprendre !

– Mais, monsieur, tente de l'apaiser l'employé, nous ne volons pas les gens...

– Il faut croire que si ! La gendarmerie m'a dit qu'elle avait eu un accident et que vous l'aviez emmenée. Où est-elle ? hurle-t-il de plus belle en tentant de jeter un œil alentour.

– Monsieur, je suis désolé pour votre épouse. Sincèrement. Mais vous voyez bien qu'elle n'est pas ici. Par contre, si elle a eu un accident, je pense qu'elle se trouve actuellement au funérarium.

– Ah ! Vous voyez ! J'ai bien raison : vous avez volé ma femme ! Le funérarium vous appartient bien, non ?

– Le funérarium est effectivement une structure des pompes funèbres, mais nous n'y plaçons que les personnes qu'on nous demande d'emmener. Dans le cas présent, c'est la gendarmerie.

– Donc, vous reconnaissez que vous avez volé ma femme ! Vous l'avez bien emmenée sans me demander mon avis ?

– Oui, c'est exact, mais nous ne pouvions pas faire autrement si la gendarmerie nous l'a demandé.

– Très bien ! Dans ce cas, je vais aller au funérarium et il va bien falloir qu'ils s'expliquent !

Quelques minutes plus tard, arrivé sur place, l'homme, toujours aussi furieux, tient le même discours qu'à l'agence. Rien ne peut le calmer. L'employé lui demande alors s'il souhaite voir son épouse, ce qu'il accepte volontiers.

Lorsqu'il pénètre dans un salon de réception, il est effondré de voir sa femme sans vie, mais il ne perd pas le fil de ses idées. Alors il ouvre la porte du salon de présentation, retourne près de sa femme, la soulève et l'emmène.

Un employé, qui passe dans le couloir au même moment, s'en étonne et demande :

– Mais, monsieur, que faites-vous ?

– Vous le voyez bien : j'emmène ma femme.

– Mais vous n'avez pas le droit !

– Mais c'est ma femme !

– Oui, mais vous ne pouvez pas emporter son corps.

– Pourquoi ?

– Parce que c'est interdit.

– Pourquoi ?

– Parce que c'est la loi. Allez, soyez gentil, allez la reporter sur le chariot.

Alors, voyant la partie perdue, abattu mais résigné, il retourne dans le salon, repose tout doucement sa femme sur le chariot et verse des torrents de larmes sur son corps.

†

Une dame assez forte s'entretient avec un agent funéraire pour organiser les obsèques de son mari.

Après avoir monté le dossier, elle décide d'acheter un objet pour mettre sur la tombe. L'employé des pompes funèbres lui montre alors ce qu'il a en magasin et propose :

– Vous avez des plaques, des croix...

– Ah non ! le coupe la dame. Cela m'étonnerait que Dieu veuille de mon mari !

Après la mort d'un alpiniste, décédé dans une avalanche et retrouvé trois jours plus tard, l'agent des pompes funèbres explique à la famille que son corps va être transporté au funérarium. Alors la mère, contrariée, rétorque :

– Ah non ! Vous n'allez pas le remettre au congélateur ! Notre fils a eu assez froid comme cela !

†

L'inhumation de Jean-Pierre se déroule le 23 décembre. Il neige et il fait particulièrement froid. Au fur et à mesure qu'ils arrivent, les gens s'engouffrent dans l'église, espérant se réchauffer quelque peu. Lorsqu'ils apportent des fleurs ou une plaque funéraire, un employé des pompes funèbres s'empresse de les débarrasser de leurs offrandes et les dépose sous le porche, en attendant l'entrée du cercueil où, dès lors, elles seront mises autour.

Tout à coup, un agent funéraire n'en revient pas : une femme arrive avec un petit sapin de Noël blanc tout décoré !

†

Arthur était un ancien combattant, très estimé dans le village. Alors, à son inhumation, il y a foule.

Au moment de bénir le cercueil, il y a ceux qui n'hésitent pas et les maladroits. Ainsi, un homme, après avoir béni le corps, dépose le goupillon dans la corbeille à offrandes, installée non loin. Au moment de partir, il s'en aperçoit, le récupère et le tend à la dame qui le suit. Celle-ci s'en saisit, fait le signe de croix, le passe à la personne qui la suit et met 2 euros dans le bénitier !

†

Une femme entre dans une agence funéraire pour organiser les obsèques de son époux.

Après avoir rempli le dossier, l'employé l'emmène dans la salle d'exposition des cercueils pour qu'elle puisse en choisir un en toute sérénité. Elle les regarde rapidement puis s'arrête sur un modèle classique. L'employé prend note de son choix et s'apprête à quitter la pièce lorsque la dame lui dit :

– J'en voudrais un autre.

– Ah ! fait l'employé, étonné. Mais...

Avant même qu'il ait fini sa phrase, la veuve le coupe, lui montre le cercueil en acajou et ajoute :

– Vous me mettrez également celui-ci, mais sans la croix. Il sera parfait pour me faire une table de salon. Et puis, il y a de la place pour que je mette mes bouteilles d'apéritif dedans.

Un agent funéraire reçoit un jeune couple pour organiser les funérailles de la mère de la jeune femme. Il demande :

– Quel genre de cérémonie souhaitez-vous ?

– Mais, monsieur, nous ne venons pas pour un mariage, mais pour un enterrement ! répond la femme, outrée.

Quatre personnes arrivent à l'agence funéraire. À peine entrées, elles se dirigent vers l'employé et l'une d'elles dit :

– Bonjour. On vient pour l'enterrement de notre père.

– Oui. Si vous voulez me suivre.

L'employé des pompes funèbres les emmène aussitôt dans un salon de réception. Après avoir noté l'identité du défunt, il demande :

– Quand souhaiteriez-vous l'inhumer ?

– Le plus vite possible, répond l'un des fils. Plus vite ce sera fait, plus vite on héritera.

†

Quatre personnes sont réunies autour de l'agent funéraire : la femme et les trois enfants du défunt. Entre deux questions de l'employé des pompes funèbres, chacun y va de ses commentaires. Ainsi, à un moment, la veuve lance à ses fils :

– Non mais vous vous rendez compte ! Il aurait tout de même pu finir de laver la vaisselle avant de mourir ! Quand je vous dis qu'il ne finit jamais rien !

†

Après la descente du cercueil dans la fosse, le curé dit à l'assistance, rassemblée devant la tombe :
– Et maintenant, nous allons respecter une minute de silence pour vous laisser le temps de penser à Antoine.
– Pas la peine ! objecte sa veuve. On y a pensé toute notre vie. Cela suffit !

À la mise en bière de Benoît, la veuve arrive avec ses enfants. L'employé des pompes funèbres propose de faire une prière. La veuve réagit aussitôt :
– Attendez ! Je lui ai apporté son courrier. Il faut que je lui mette dans le cercueil. Il va avoir le temps de le lire.

Après les premières minutes d'entretien, au cours duquel l'agent funéraire s'efforce de proposer à Christiane les prestations qui lui conviennent pour l'inhumation de son mari, il lui demande :
– Voulez-vous que nous lui fassions les soins de conservation, madame ?
– Ah oui ! Bonne idée ! se réjouit la femme. Mon mari conservait tout avec soin, alors il serait heureux qu'il en soit de même pour lui !

†

Dans un village retiré, un vieil homme meurt. Sa veuve, paniquée, appelle les pompes funèbres et demande qu'un agent vienne sur place.

L'employé funéraire est attendu de pied ferme par la femme, impatiente de son arrivée. Aussitôt, elle l'emmène dans la chambre où son mari est étendu sur le lit. L'agent funéraire examine la pièce pour avoir un aperçu de la mise en bière à cet endroit et, après examen, s'apprête à quitter la chambre. Cependant, la femme, outrée, lui crie :

– Mais enfin ! Vous ne lui avez pas croqué les orteils pour vérifier qu'il était mort !

†

À la mise en bière de son mari, la veuve, tout à coup, en s'adressant à un employé funéraire, s'écrie :

– Ah ! J'allais oublier de vous donner ses lunettes de soleil ! Il faut absolument lui mettre ses lunettes de soleil ! Je ne voudrais pas qu'il soit ébloui en apercevant la fameuse lumière.

†

Le fils du défunt enterré la veille pousse la porte de l'agence funéraire et demande à voir l'employé qui s'est occupé des funérailles de son père.
Lorsqu'il se présente, l'homme lui dit :
– Merci beaucoup pour ce que vous avez fait.
C'était parfait.
Puis il sort d'un sac le registre de condoléances, le tend à l'employé et ajoute :
– Merci de nous avoir mis une belle couverture pour nous remettre les signatures, mais il faut que je vous le rende, maintenant, vous devez en avoir besoin.

†

Le responsable du funérarium accueille aimablement un visiteur :

– Bonjour, monsieur. Vous désirez ?

– Je viens voir une dame.

– Oui. Quel est le nom de cette dame, s'il vous plaît ?

– Cela va vous paraître bizarre, mais je ne connais pas son nom. Je sais seulement qu'elle a dans les 60 ans et je voudrais lui remettre ces fleurs.

– Vous savez, monsieur, il y a plusieurs femmes qui ont sensiblement le même âge, ici. Cela risque d'être difficile de vous présenter la bonne personne. Mais peut-être connaissez-vous la date d'inhumation ?

– Oui. Lundi matin.

– Très bien ! Je vais vous demander de patienter quelques instants. Je vais vérifier.

Quelques minutes plus tard, le responsable du funérarium revient voir son curieux visiteur.

– Il y a deux femmes d'une soixantaine d'années qui seront enterrées lundi matin. Pouvez-vous me dire s'il s'agit de Mme Bernadette S. ou de Mme Henriette N. ?

– Non, je ne peux pas puisque je vous ai dit que j'ignorais son nom.

– C'est vrai. Dans ce cas, je vais vous présenter Mme Bernadette S. et vous verrez bien si vous la connaissez.

– Mais non ! Je ne la reconnaîtrai pas puisque je ne l'ai jamais vue !

†

En plein mois de janvier, ce sont les soldes d'hiver. Une femme se présente aux pompes funèbres pour organiser les funérailles de son père. Elle explique que, étant fille unique et son père veuf, c'est à elle que revient cette macabre tâche.

Après avoir rempli une bonne partie du dossier, l'agent funéraire l'emmène dans la salle d'exposition des cercueils. Elle met un temps infini pour en choisir un, pose beaucoup de questions, compare les prix, revient plusieurs fois sur un même cercueil, hésite beaucoup. Finalement, elle demande :

– Faites-vous des soldes sur les cercueils ?

†

Une dame entre dans une agence funéraire et explique d'emblée qu'elle vient pour l'inhumation de son époux, décédé dans la nuit. Elle semble totalement bouleversée et l'employé des pompes funèbres fait tout pour la consoler.

Tout en essayant de lui remonter le moral, il monte cependant son dossier. À un moment, il demande :

– Souhaitez-vous une inhumation ou une crémation, madame ?

– Oh ! répond-elle, choquée. Pas une crémation ! Comment Dieu va-t-il le reconnaître si vous le brûlez ?

†

Dans la salle d'exposition des cercueils, un homme doit en choisir un pour l'inhumation de sa femme. Alors qu'il ne s'est pas encore décidé, il se tourne vers l'employé funéraire et lui dit :
– Il faut que je vous fasse une confidence, monsieur. En vingt-cinq ans de mariage, ce sera le premier cadeau que je lui ferai.

†

L'employé funéraire reçoit une femme, dont le mari vient de décéder. Au cours de l'entretien, il demande :

– Souhaitez-vous faire les soins de conservation, madame ?

– Ah non ! répond-elle de façon épidermique. Je ne veux rien conserver de mon mari !

†

À la mise en bière de Denis, un homme de plus de 80 ans, sa veuve est entourée de ses enfants, de ses gendres et de sa belle-fille. Émue de voir son mari dans le cercueil, elle fond en larmes et dit :

– Il va s'ennuyer sans moi.

†

Le moment de la bénédiction est enfin arrivé et chacun défile devant le corps pour lui rendre un dernier hommage.

Soudain, un homme saisit le goupillon qu'une femme lui tend, le lève, sans le rabaisser, l'observe, ne sait pas quoi en faire et... part avec !

†

Le lendemain de l'inhumation de Roland, l'employé funéraire qui s'en est occupé voit arriver sa veuve, tout essoufflée. Nul doute qu'elle vient commander les faire-part.
– Bonjour, madame, l'accueille-t-il aussitôt. Vous semblez essoufflée. Vous avez couru ?
– Oh oui ! Bien obligée ! Il m'arrive une telle catastrophe !
– Que vous arrive-t-il, madame ?
– Il faut absolument que vous désenterriez mon mari.
– Que j'exhume votre mari ? Mais pourquoi ?
– Eh bien… figurez-vous que je viens de retrouver sa montre. J'ai oublié de la lui mettre !

†

À l'inhumation de Corentin,
il y a du monde. Il faut dire qu'il avait 40 ans.
Mais une terrible maladie l'a emporté,
malgré son combat acharné.
Après la messe, le corps est emmené au cimetière.
Alors que les employés des pompes funèbres
déchargent le cercueil du corbillard, sa veuve, tout
près du véhicule, dit à un groupe de personnes :
– C'est bien la première fois que mon mari va au
cimetière. Il ne voulait jamais y mettre les pieds !

†

Un homme entre dans une agence de pompes funèbres. Il apporte le livret de famille qu'il avait oublié le matin.

L'agent funéraire qui l'a reçu quelques heures plus tôt le reconnaît et s'avance vers lui. D'emblée, l'homme lui demande :

– Pourrais-je voir vos mains ?

– Euh... pourquoi ?

– Vous m'avez bien dit ce matin de vous remettre le livret de famille en main propre ?

Après la mise du cercueil de Jérémy dans le caveau, les langues vont bon train. Soudain, une femme dit à une autre :

– Dire qu'il a fait le mort toute sa vie quand on lui demandait de ses nouvelles !

– Tu penses qu'il fait encore le mort ? rétorque son interlocutrice.

Un agent funéraire est appelé à se déplacer à domicile pour régler les obsèques d'Arnaud, mort chez lui deux heures plus tôt.
Il arrive sur place et, avant même qu'il frappe à la porte, on lui ouvre.
Une dizaine de personnes sont déjà rassemblées mais, curieusement, l'ambiance a l'air joyeuse.
Comme de fait, personne ne semble regretter le vieil homme qui gît sur le lit, dans la pièce voisine.
La veuve choisit des obsèques *a minima*, signe la commande et dit à l'employé des pompes funèbres :
– Vous allez bien fêter cela avec nous ! Depuis le temps qu'on attendait ce moment ! Il était coriace, le vieux ! On aurait dit qu'il ne voulait pas mourir, qu'il voulait nous embêter jusqu'au bout !

Une femme téléphone aux pompes funèbres. Son mari est décédé d'une crise cardiaque quelques heures plus tôt et elle souhaiterait qu'un agent funéraire vienne chez elle.

Lorsqu'il arrive sur place, l'employé funéraire est très attendu. Des tasses sont même disposées sur la table. D'emblée, la femme dit :

– Vous allez bien prendre un petit café ? J'allume la cafetière et je vous emmène près de mon mari.

Dix minutes plus tard, de retour dans la cuisine, la dame sert le café et lance :

– C'est bête ! Il s'est acheté une nouvelle perceuse, hier, pour rien !

Alors que l'hiver a été rude, soudainement, le 18 mars, le soleil trône au milieu du ciel bleu et il fait une chaleur de début de printemps. C'est le jour de l'enterrement d'Alfred, un homme peu estimé dans la commune.

À la sortie de la messe, le cercueil est emporté au cimetière qui ceint l'église.

Après la prière devant la tombe, la veuve lance à son entourage :

– Regardez ! Même Dieu est content qu'il soit mort ! Il nous envoie le soleil pour fêter cela !

†

À la mise en bière de Julien, toute la famille
est présente. Même les plus jeunes sont là.
Soudain, l'une des filles de la défunte soulève le capiton
et, scandalisée, demande sèchement à sa mère :
– Pourquoi lui laisses-tu sa montre ?
Il n'en a plus besoin !
– Si ! S'il a rendez-vous avec Dieu,
je veux qu'il soit à l'heure !

†

Le curé termine la bénédiction funèbre de Martin, un pêcheur mort en mer. Alors la foule qui s'est déplacée pour lui rendre un dernier hommage est surtout composée de marins qui le connaissaient. À la sortie de l'église, les personnes présentes peuvent signer le registre de condoléances. Dans l'assistance, au moment de quitter l'édifice, un homme s'en aperçoit, met un coup de coude à son voisin et dit, en lui désignant le registre :
– Tu as vu ? On doit signer le livre d'or !

†

Une femme entre dans une agence de pompes funèbres, l'air sombre. Elle explique à l'employé qui la reçoit que son mari, qui était prisonnier, vient de mourir. Elle ajoute qu'elle n'est aucunement triste mais, au contraire, soulagée. Il a toujours été un poids pour elle et n'a cessé de passer son temps en prison pour divers vols et agressions. Alors, si elle se doit de l'enterrer, ce sera le service minimal. Il lui a coûté assez cher comme cela !

L'entrevue est donc très courte et rendez-vous est donné deux jours plus tard pour l'inhumation.

À la date convenue, seuls la veuve et son fils sont présents à la mise en bière.

La veuve refuse la prière proposée par le maître de cérémonie au prétexte que son mari ne le mérite pas. Elle refuse même de se recueillir car elle n'éprouve aucune affection pour ce mari qui a passé plus de temps derrière les barreaux qu'avec elle. Pourtant, il n'avait que 50 ans. Quant au fils, il refuse de se recueillir devant la dépouille d'un homme qu'il ne connaît pas. De quoi, tous deux, pourraient-ils se souvenir d'autre que de mauvais moments passés ensemble ? La seule chose qui leur importe est donc d'en finir le plus vite possible. Inutile de gâcher son temps à inhumer cet homme !

Alors, peu de temps après leur entrée dans la salle, un employé saisit le couvercle du cercueil, le pose dessus et le visse. Aussitôt, la veuve lance à son fils :

– Décidément, ton père ne changera jamais : il aime être enfermé !

†

À l'église, à moitié pleine, le prêtre poursuit la bénédiction funèbre. Philippe, le défunt, était peu estimé dans le village car il menait la vie dure à sa femme. Tout à coup, le curé déclame :

– Dieu a rappelé Philippe auprès de lui.

À ces paroles, la veuve réagit vertement :

– Oui, eh bien... si Dieu existait, il n'aurait pas voulu de mon mari auprès de lui. Il saurait qu'il est invivable !

†

L'agent funéraire reçoit une vieille femme. Son mari vient de décéder et elle souhaite l'inhumer en toute simplicité. Cependant, elle tient à ce que le prêtre fasse une bénédiction. Que diraient les commères du village si elle l'enterrait civilement ? Pourtant, elle s'inquiète :

– Vous croyez que mon mari va rencontrer Dieu, monsieur ?

– Oui.

– Eh bien ! J'aimerais bien être une petite souris quand il le verra : il croit qu'il n'existe pas !

†

Un agent funéraire voit entrer dans son agence une petite dame toute ridée. À peine dans l'établissement, elle lui confie que son mari vient de décéder et qu'elle se sent perdue. Pourtant, son époux souffrant d'un cancer, elle s'était préparée à cette mort. Mais, comme elle dit, nous ne sommes jamais préparés. Le choc est là, le vide aussi.

L'employé prend rapidement la dame en charge et, dès les premiers instants de l'entretien, il lui demande :

– Souhaitez-vous que nous lui fassions les soins de conservation, madame ?

– Oh non ! J'aurais trop peur que, si vous le conservez, il souffre encore !

†

À la messe d'inhumation de Patrick, il y a peu de monde. Il faut dire que cet homme était mal vu dans le village. Il faisait les quatre cents coups.

Cependant, le prêtre fait sa bénédiction et, tout à coup, dit :

– Dieu va accueillir notre frère...

– Tu parles ! rétorque, irrité, un membre de l'assistance. C'est plutôt le diable qui va l'accueillir !

†

À la mise en bière de Stéphane,
seules deux personnes sont présentes.
Après un moment de silence, la veuve lance :
– Il a raté sa vie. Il raterait bien sa mort !
Il ne sait rien faire correctement !

†

Un homme d'une soixantaine d'années entre dans une agence funéraire. Un employé va à sa rencontre et l'homme lui dit aussitôt :

– Bonjour. Je viens acheter un cercueil de toit.

– Un cercueil de toit... lui répond l'agent funéraire, qui ne voit pas ce que désire le client.

– Mais oui ! Vous savez bien, un cercueil pour mettre sur le toit des voitures.

L'employé est de plus en plus perplexe : à qui a-t-il affaire ? L'homme veut-il transporter un mort sur le toit de sa voiture ? C'est interdit. Cependant, ne voulant pas avoir l'air suspicieux, il décide de clarifier la situation avec diplomatie. Alors il lui dit :

– Bien. Je vais vous emmener dans la salle des cercueils. Si vous voulez bien me suivre.

L'homme suit donc l'employé des pompes funèbres. À peine entré dans la salle d'exposition, il jette un rapide coup d'œil et demande :

– Vous n'avez que cela ?

– Oui. Vous recherchez un modèle particulier ?

– Oui. Un modèle enfant.

Cette fois, l'agent funéraire se pose de plus en plus de questions, mais il est fermement décidé de ne pas brusquer l'homme. Alors il lui propose :

– Dans ce cas, je vais vous montrer nos modèles enfants. Nous allons nous installer dans la pièce à côté et je vais vous chercher le catalogue.

Le client s'assoit donc à une table ronde et l'employé sort le catalogue des cercueils pour enfants. Il le tend à l'homme tout en tournant les pages lui-même pour donner quelques informations supplémentaires à chaque fois. Lorsque la dernière page est tournée, le client, déçu, lui dit :

– Non, je ne vois pas le modèle que je recherche. Je ne comprends pas parce que j'en vois partout. Vous devez être en rupture de stock.

À cette phrase, l'employé est soulagé car il sait qu'il est impossible d'avoir un véhicule avec un cercueil sur le toit. Cependant, comme il ne comprend toujours pas ce que veut acheter cet homme, il lui dit :

– Pourtant, je vous ai présenté toute la gamme que nous avons. Comment est le cercueil dont vous me parlez ?

– Mais vous savez bien ! Celui que tout le monde pose sur le toit pour mettre ses bagages !

Achevé d'imprimer
à Noyelles sous Lens
pour le compte de France Loisirs,
123, bd de Grenelle
75015 PARIS

Imprimé en France
Dépôt légal : mars 2014
N° d'édition : 76742